Vertragsgestaltung im Importgeschäft

Prof. Dr. Burghard Piltz | BRANDI Rechtsanwälte
Ass. jur. Jens U. Heckeroth | IHK Ostwestfalen zu Bielefeld
Martina Wiebusch | IHK Ostwestfalen zu Bielefeld
unter Mitarbeit von Christian Stegemeier

DIHK Deutscher Industrie- und Handelskammertag

Herausgeber und Copyright	DIHK - Deutscher Industrie- und Handelskammertag e.V. Postanschrift: 11052 Berlin Besucheranschrift: Breite Straße 29 | Berlin-Mitte Telefon (030) 20 308-0 | Telefax (030) 20 308-1000 Internet: www.ihk.de
ISBN-Nr.	978-3-933150-54-7
Stand	November 2009
Herstellung	typoplus, W. Siewert | 53113 Bonn
Druck	GK Druck Gerth und Klaas GmbH & Co. KG

Bildnachweis www.shutterstock.com (Titel)

Inhalt

Vorwort

Der Außenhandel ist und bleibt die Lokomotive der deutschen Wirtschaft. Deutschland ist abhängig vom Export seiner Produkte, die weltweit einen hervorragenden Ruf genießen. Doch arm an Rohstoffen ist Deutschland gleichzeitig auch abhängig vom Import von Rohstoffen und Halbwaren. Im Einkauf, vormals lediglich Garant für die rechtzeitige und ausreichende Verfügbarkeit von Material, liegt heute auch Gewinn: Der hohe Preisdruck des globalisierten Marktes lässt Unternehmen mehr und mehr nach Einsparungspotentialen suchen – die Ausnutzung günstiger Rahmenbedingungen und Preise internationaler Märkte sind hier ganz maßgeblich für die eigene Preiskalkulation und die Marge. Doch Qualität, Preise und Zuverlässigkeit von Lieferanten können sich gravierend unterscheiden. Hier gilt es, sich durch vertragliche Gestaltungsmöglichkeiten abzusichern, damit die Vorteile einer globalen Beschaffung nicht verpuffen.

Der vorliegende Leitfaden richtet sich an alle mit Importfragen konfrontierten Mitarbeiter eines Unternehmens. Er soll und kann jedoch nur ein erster Anhalt sein. Fundierte rechtliche Beratung kann und will er nicht ersetzen. Hier leisten erfahrene Rechtsanwälte und Experten der Deutschen Auslandshandelskammern in den jeweiligen Märkten Beistand. Insbesondere kann der Leitfaden nicht auf alle Geschäftsmöglichkeiten eingehen. So wird das Kapitel „Handelshäuser" bewusst ausgeklammert. Die Publikation soll insgesamt für die großen Problemfelder des Imports sensibilisieren und dem Leser typische Fragen beantworten. Ich wünsche Ihnen viel Erfolg bei Ihren internationalen Geschäften.

Harald Grefe
Stv. Hauptgeschäftsführer der Industrie- und
Handelskammer Ostwestfalen zu Bielefeld
Leiter der Abteilung International, Handel, Verkehr

A. Zugang zum deutschen Markt

Der Zugang von Importwaren zum deutschen Markt unterliegt einer Vielzahl von Bestimmungen. Zu unterscheiden ist hier zwischen Waren aus dem EU-Ausland und solchen aus Staaten außerhalb der EU. Die Einfuhr von Waren aus EU-Staaten ist grundsätzlich frei und unbeschränkt. Dies ergibt sich aus den Artikeln über den freien Warenverkehr des EG-Vertrags, Art. 23 – 31, und wurde vom Europäischen Gerichtshof in zahlreichen Urteilen bestätigt.

Anderes gilt für Waren aus Staaten außerhalb der EU, die einige europäische und alle außereuropäischen Staaten umfassen; in dem Zusammenhang wird auch von „Drittstaaten" gesprochen. Zwar sind Einfuhren aus diesen Drittstaaten im Grundsatz ebenfalls genehmigungsfrei und unterliegen keinen mengenmäßigen Einfuhrbeschränkungen, doch gibt es hiervon zahlreiche Ausnahmen, die in zollrechtlichen und außenwirtschaftsrechtlichen Vorschriften geregelt sind.

Die Zollschranke ist die wichtigste Hürde, die beim Warenimport zu überwinden ist. Um eine reibungslose Einfuhr zu gewährleisten, müssen daher folgende Punkte beachtet werden:

- Einfuhrbeschränkungen oder –verbote, die ggf. eine Genehmigung erfordern
- Einfuhrabgaben (Zoll, Einfuhrumsatzsteuer, Verbrauchssteuern)
- sonstige Einfuhrvorschriften
- Papiere für die Einfuhrabfertigung
- Bestimmungen hinsichtlich des Inverkehrbringens von Produkten

I. Positionsbestimmung

Einer Importentscheidung können zahlreiche verschiedene Überlegungen vorausgehen. Im Wesentlichen werden sie jedoch auf zwei grundlegenden Eigenschaften einer Ware basieren, nämlich ihrer Beschaffenheit, d. h. ihrer Art und Qualität, und ihrem Preis. Da der weitaus größte Teil der weltweit gehandelten Waren auch im EU-Binnenmarkt produziert werden kann und wird, ist es in erster Linie die Realisierung einer den Erwartungen entsprechenden Gewinnmarge, die für die Einfuhren von Waren spricht. Jedes Unternehmen muss somit die Fragen nach dem Ob, Wie und Wieviel des Warenimports für sich selbst entscheiden. Die Entscheidung ist so individuell wie das Unternehmen selbst, weshalb es auch keine maßgeschneiderten Musteranleitungen für jede erdenkliche Situation geben kann.

Beachtet werden sollte, dass der Import, vor allem aus Staaten außerhalb der EU, eine Reihe von Risiken mit sich bringt – insbesondere, wenn der ausländische Geschäftspartner noch unbekannt ist. Diese Risiken fallen zum großen Teil in die Bereiche der so genannten „Leistungsstörungen" und des Gewährleistungsrechts, wozu hauptsächlich der Lieferverzug, Schwierigkeiten bei der Zahlungsabwicklung und Sachmängel gehören. Es ist ferner zu beachten, dass unterschiedliche Rechtssysteme im In- und Ausland die Rechtsverfolgung und -durchsetzung im Falle eines Rechtsstreits erheblich erschweren können. Darüber hinaus kann es noch zu weiteren sehr unterschiedlichen Problemen kommen, beispielsweise aufgrund von Wechselkursschwankungen, kulturell bedingten Missverständnissen, politischen Konflikten und den oben genannten Einfuhrvorschriften. All den genannten Risiken kann jedoch durch eine entsprechende Vertragsgestaltung begegnet werden.

Darüber hinaus ist der Import von Waren mit zusätzlichen Kosten verbunden, die bei der Beschaffung auf dem heimischen Markt nicht entstünden und die einkalkuliert werden müssen. Zu nennen sind hier in erster Linie zusätzliche Transport-, Versicherungs- und Organisationskosten, Kosten der Zahlungsabwicklung (z. B. für ein Akkreditiv) sowie evtl. Kosten für Währungstausche, Wechselkursabsicherungen bei Fakturierung in einer Fremdwährung sowie Einfuhrabgaben (Zölle). Nicht zu vergessen häufig deutlich höhere Kosten dann, wenn Rechte im Ausland verfolgt und durchgesetzt werden (müssen). Auch dies sollte bei der Kalkulation von vornherein bedacht werden.

II. Rechtliche Probleme des Inverkehrbringens von Produkten

Neben mengenmäßigen Beschränkungen beim Import von Waren (Einfuhrkontingente), die im Außenwirtschaftsgesetz und in der Außenwirtschaftsverordnung geregelt sind, gibt es qualitative Verbote und Beschränkungen, die die Beschaffenheit der Importwaren betreffen. Sie sind in einer Vielzahl von Rechtsgebieten und Gesetzen geregelt, von denen an dieser Stelle nur die wichtigsten genannt werden können. Neben den allgemeinen Bestimmungen von Außenwirtschaftsgesetz und Außenwirtschaftsverordnung gehören hierzu u.a.:

- Abfallverbringungsgesetz
- Artenschutzrecht
- Arzneimittelrecht
- Gewerblicher Rechtsschutz (z. B. Patentrecht, Markenrecht)
- Lebensmittelrecht
- Veterinärrecht
- Waffenrecht

Die Zollverwaltung kontrolliert, ob die zu importierenden Waren möglicherweise vom Schutzbereich der Gesetze betroffen sind und nicht importiert werden dürfen.

Die oben genannten Rechtsgebiete und Gesetze enthalten neben Verboten und Beschränkungen ebenfalls Regelungen und Produktkriterien, die grundsätzlich auch beim Inverkehrbringen von im Inland produzierten Gütern beachtet werden müssen. Neben Sicherheitsvorschriften sind hierbei auch eine erhebliche Zahl von Kennzeichnungspflichten zu befolgen, z. B. bei Lebensmitteln und Textilien: Lebensmittel-Kennzeichnungsverordnung, Fertigpackungsverordnung, Textilkennzeichnungsgesetz. Darüber hinaus enthalten auch das Geräte- und Produktsicherheitsgesetz oder das Energieverbrauchskennzeichnungsgesetz kennzeichnungsrechtliche Vorschriften, um noch zwei weitere Beispiele zu nennen.

Nach der derzeitigen Rechtsprechung des Bundesgerichtshofs zum UN-Kaufrecht (United Nations Convention on Contracts for the International Sale of Goods, CISG) ist für die Beachtung dieser gesetzlichen Vorgaben übrigens prinzipiell der Käufer, hier also der Importeur zuständig. Einem Verkäufer ist nicht zuzumuten, die Bestimmungen eines jeden Importstaates zu kennen. Der Verkäufer hat lediglich die Regelungen seines Heimatlandes zu befolgen. Hiervon gibt es allerdings Ausnahmen, beispielsweise, wenn der Verkäufer bereits seit längerer Zeit im Importland tätig ist und von daher die dortigen Vorschriften kennen müsste oder wenn der Importeur den Verkäufer über die gesetzlichen Vorgaben informiert hat. Es empfiehlt sich daher, schon bei der Vertragsgestaltung die zu befolgenden gesetzlichen Regelungen klar und eindeutig zu benennen, um Unsicherheiten von vornherein auszuschließen.

Hervorzuheben sind die Vorschriften des Gewerblichen Rechtsschutzes in der oben genannten Auflistung, insbesondere des Patentrechts und des Gebrauchs- und Geschmacksmusterrechts. Verstöße gegen bestehende geistige Eigentumsrechte durch importierte Waren können Unterlassungs- und Schadensersatzforderungen durch den

Inhaber des verletzten Rechts nach sich ziehen, die für das importierende Unternehmen gegebenenfalls empfindliche finanzielle Einbußen zur Folge haben können.

Was den „Grünen Punkt" betrifft, besteht wegen der Novellierung der Verpackungsverordnung seit Januar 2009 keine Verpflichtung mehr, diesen bei der Produktkennzeichnung zu verwenden. Die Pflicht der Hersteller zur Rücknahme ihrer Verpackungen nach Verpackungsverordnung bleibt davon allerdings unberührt. Ein Importeur von Waren, die für den Endverbrauchermarkt bestimmt sind, muss sich weiterhin wie gewohnt beim Dualen System anmelden. Er hat dabei die Auswahl aus einer Reihe von „Systembetreibern", die sich um die Entsorgung der Produktverpackungen kümmern. Die Kosten richten sich nach Material und Gewicht der Verpackung und müssen bei der Preiskalkulation berücksichtigt werden.

Produkte, die bestimmten EU-Vorschriften zu Sicherheits- oder Gesundheitsanforderungen zu entsprechen haben, müssen mit dem CE-Zeichen gekennzeichnet werden. Dies dient der Produktsicherheit. Der Hersteller bestätigt mit dem CE-Zeichen, dass sein Produkt mit geltendem EU-Recht konform ist. Er muss daher zusätzlich eine EG-Konformitätserklärung erbringen, der eine Konformitätsbewertung vorauszugehen hat. Die CE-Kennzeichnung ist rechtliche Voraussetzung für das Inverkehrbringen des Produkts. Sie muss auf eine Vielzahl verschiedener Produktarten angewendet werden, darunter Spielzeuge, technische Geräte und Maschinen.

Da ein Hersteller im Nicht-EU-Ausland (insbesondere in dem Fall, dass er noch nicht für den EU-Markt produziert hat) in der Regel nicht mit den einschlägigen EU-Vorschriften vertraut sein dürfte, empfiehlt sich für den Importeur eine enge Zusammenarbeit, um dem Hersteller die nötige Expertise zur Verfügung zu stellen und dadurch zu gewährleisten, dass die Vorschriften auch eingehalten werden.

B. Rechtliche Rahmenbedingungen für Importgeschäfte

I. Der Importvertrag

1. Anwendbares Recht, Rechtswahl

Bei Importgeschäften bezieht der Käufer Waren, die nicht nur aus einem anderen Land, sondern auch aus einem anderen Rechtsraum stammen. Die Unterschiede des Rechts des Lieferanten zum Recht des deutschen BGB/HGB können durchaus gewichtig sein und betreffen neben sonstigen, an dieser Stelle nicht weiter zu vertiefenden Aspekten, in der Regel für den Käufer so grundlegende Eckpunkte wie Umfang und Dauer der Gewährleistung, Verantwortlichkeit für die Beachtung der von Land zu Land unterschiedlichen produktrechtlichen Vorschriften und Voraussetzungen und Ausmaß der Schadensersatzhaftung des Verkäufers. Dieser Befund gilt auch bei Importen aus anderen Staaten der EU, da es ein einheitliches EU-Kaufrecht bislang noch nicht gibt. So verjähren Gewährleistungsansprüche des Käufers etwa in Litauen und Spanien bereits nach 6 Monaten, in Italien nach 1 Jahr, in Frankreich und den Niederlanden nach 2 Jahren und in der Tschechischen Republik nach 4 Jahren. Ungleich gravierender sind diese und andere Unterschiede bei Importen aus Ländern außerhalb der EU. Für den Käufer können sich diese Unterschiedlichkeiten besonders nachteilig auswirken, wenn der Absatz der importierten Ware in Deutschland den besonderen Bestimmungen des Verbrauchsgüterkaufs, §§ 474 ff. BGB, unterliegt. Dann nämlich kann der Abnehmer des deutschen Importeurs diesen im Falle mangelhafter Lieferung in einem gesetzlich weitgehend zwingenden Umfang in Regress nehmen, der Importeur einen solchen Regress wegen der Unterschiedlichkeiten des deutschen im Vergleich zum ausländischen Recht häufig aber nicht an seinen ausländischen Lieferanten weiterreichen. Der Importeur „sitzt dann zwischen den Stühlen".

Damit wird die Frage aufgeworfen, nach welchem Recht beurteilen sich denn Lieferungen ausländischer Lieferanten an deutsche Importeure? Eine erste Aussage lässt sich unschwer treffen: Jedenfalls nicht nach dem deutschen Recht des BGB/HGB. Die Tatsache, dass der Käufer ein in Deutschland ansässiges Unternehmen ist, bleibt auch für ein deutsches Gericht selbst dann unerheblich, wenn der Lieferort sich in Deutschland befindet.

Im Übrigen ist zu differenzieren: Für Importe aus einem der anderen 74 Vertragsstaaten des UN-Kaufrechts gilt das UN-Kaufrecht (Gesetzestext im Anhang, zum Stand der Vertragsstaaten vgl. www.uncitral.org). Ca. 80 Prozent der deutschen Importe fallen unter diese Alternative. Importe aus einem Staat, der nicht zu den Vertragsstaaten des UN-Kaufrechts zählt (in Europa nur noch Großbritannien, Irland, Malta und Portugal), beurteilen sich aus deutscher sowie europäischer Perspektive dagegen nach dem Recht des ausländischen Lieferanten, Art. 28 Abs. 2 EGBGB bzw. Art. 4 Abs. 1 Buchst. a) VO (EG) 593/2008 (Rom I-VO).

Diese Ergebnisse sind aber nicht zwingend und können von den Parteien eines Kaufvertrages durchaus einverständlich abgeändert werden. Zum einen bedarf es dazu jedoch stets einer wirksamen Vereinbarung. Ist die Vereinbarung aus welchen Gründen auch immer nicht wirksam, verbleibt es bei der in dem vorhergehenden Absatz skizzierten Situation. Der bloße Abdruck einer Klausel wie etwa **„Für diesen Vertrag gilt deutsches Recht"** in Allgemeinen Einkaufsbedingungen wird daher bedeutungslos, wenn – wie in der Praxis vorherrschend – die Verkaufsbedingungen des ausländischen Lieferanten auf dessen ausländisches Recht verweisen. Unter diesen Umständen kann eine einverständliche Vereinbarung beider Parteien auf das für den Kaufvertrag geltende Recht nicht festgestellt werden. Eine Vielzahl anderer Probleme, die hier nicht näher nachgezeichnet werden können, können zusätzliche Erschwernisse oder Hindernisse bereiten. Die im ersten Zugriff verlockende Option, in den Einkaufsbedingungen die Geltung des deutschen Rechts des BGB/HGB festzuschreiben, ist folglich mit erheblichen Risiken behaftet und lässt sich eigentlich nur vertreten, wenn in jedem Einzelfall ein umsichtiges und kontinuierliches Vertragsmanagement gewährleistet ist.

Ein anderes Argument gegen die Wahl deutschen Rechts für den internationalen Einkauf ist aber wohl noch gewichtiger: Anders als das deutsche BGB/HGB sieht das UN-Kaufrecht grundsätzlich eine verschuldensunabhängige Schadensersatzhaftung vor. Jede Abweichung von dem vereinbarten Lieferprogramm löst ohne weiteres die Verpflichtung aus, für die dadurch verursachten und vorhersehbaren Schäden Schadensersatz zu leisten. Eine Fristsetzung, eine Abmahnung, ein Verschulden oder sonstige weitere Voraussetzungen sind nicht erforderlich. Es reicht beispielsweise, dass der Lieferant nicht rechtzeitig liefert. Automatisch ist der Lieferant damit verpflichtet, alle aufkommenden und vorhersehbaren Schäden des Importeurs zu ersetzen. Das deutsche BGB/HGB hingegen sieht Schadensersatzverpflichtungen nur dann vor, wenn der Verkäufer die ihm vorgehaltene Pflichtverletzung zu vertreten, d. h. insbesondere vorsätzlich oder fahrlässig gehandelt hat, §§ 280 ff., 276 BGB. Das ist durchaus nicht immer der Fall. So ist es insbesondere ständige Rechtssprechung der deutschen Gerichte, dass der Zwischenhändler grundsätzlich nicht schadensersatzrechtlich dafür verantwortlich ist, wenn die von ihm eingekaufte und dann weiterverkaufte Ware mangelhaft ist und dieser Mangel bei dem Käufer Schäden verursacht. Bei Geltung des UN-Kaufrechts würde der Lieferant hingegen ohne weiteres auf Schadensersatz haften. Auf ein Vertretenmüssen, also vorsätzliches oder fahrlässiges Handeln des Lieferanten, kommt es bei Geltung des UN-Kaufrechts nicht an.

Der Ausschluss des an sich geltenden UN-Kaufrechts und stattdessen die Vereinbarung des deutschen BGB/HGB sollten daher sorgfältig abgewogen werden. Diese Abwägung ist insbesondere deshalb erforderlich, weil bei Geltung deutschen Rechts nicht in Allgemeinen Geschäftsbedingungen (AGB) vereinbart werden kann, dass der Lieferant ohne Rücksicht auf jedes Verschulden haften soll. Eine solche Klausel ist schlichtweg unwirksam. Wenn der deutsche Importeur auf die Möglichkeit, den ausländischen Lieferanten ohne Rücksicht auf jedes Verschulden zur Verantwortung zu ziehen, nicht verzichten möchte, bleibt nur die Option, es bei der Geltung des UN-Kaufrechts zu belassen und insbesondere nicht die Maßgeblichkeit des deutschen BGB/HGB vorzusehen. Nun hat das UN-Kaufrecht natürlich auch Regelungen, die im Vergleich zum deutschen BGB/HGB für den Käufer eher nachteilig sind. Diese Regelungen des UN-Kaufrechts können aber in Einkaufsbedingungen, die gezielt auf das UN-Kaufrecht bezogen aufgemacht sind, abgeschwächt bis ausgeschlossen werden. Ebenso kann in solchen Einkaufsbedingungen den Besonderheiten Rechnung getragen werden, die sich für den Importeur ergeben, wenn der Absatz der importierten Ware in Deutschland den besonderen Bestimmungen des Verbrauchsgüterkaufs, §§ 474 ff. BGB, unterliegt und er damit wie erläutert „zwischen die Stühle" geraten kann.

Aus Vorstehendem folgt: Für Importe aus einem der anderen 74 Vertragsstaaten des UN-Kaufrechts sollte es bei der ohnehin gesetzlich vorgesehenen Geltung des UN-Kaufrechts bleiben. Jede Abweichung von dieser Regel bedarf einer guten Begründung, da damit ersatzlos auf die Möglichkeit verzichtet wird, den Lieferanten ohne Rücksicht auf jedes Verschulden für etwaige Fehlleistungen schadensersatzrechtlich zur Verantwortung zu ziehen. Allerdings bedarf es einiger ergänzender Regelungen etwa in Internationalen Einkaufsbedingungen, um die in dem UN-Kaufrecht auch enthaltenen, für den Käufer eher nachteiligen Regeln zu relativieren.

Außerhalb des UN-Kaufrechts beurteilen sich Importe aus deutscher und ebenso aus europäischer Perspektive nach dem Recht des ausländischen Lieferanten. Ein solches Ergebnis ist für den deutschen Importeur wegen der oben angesprochenen Unterschiedlichkeiten nicht hinnehmbar. Hinzu kommt, dass für die Importe des deutschen

Käufers nicht einheitliche, sondern je nach Lieferland unterschiedliche gesetzliche Bestimmungen gelten. Umgekehrt wird man von dem ausländischen Lieferanten nicht erwarten können, dass er sich auf das für ihn fremde deutsche Recht einlässt. Als vermittelnde und in der Praxis konsensfähige Lösung bietet sich an, auch für diese Gestaltungen die Geltung des UN-Kaufrechts zu vereinbaren. Das UN-Kaufrecht ist praktisch in allen Sprachen verfügbar und als von der UNO geschaffenes Recht ein neutraler Kompromiss. Anders als im Geschäftsverkehr mit Parteien aus Vertragsstaaten des UN-Kaufrechts muss in diesen Fällen jedoch die Geltung des UN-Kaufrechts zwischen den Parteien ausdrücklich vereinbart werden. Es versteht sich von selbst, dass eine solche Vereinbarung nur trägt, wenn sie rechtswirksam zustande kommt. Außerdem muss eine solche Vereinbarung aus der Sicht der betroffenen Staaten gestattet sein. Aus deutscher Sicht bestehen insoweit keine Einschränkungen. Inwieweit das Recht des ausländischen Lieferanten eine solche Vereinbarung gestattet, muss hingegen in jedem Einzelfall überprüft werden. Allgemeingültige Aussagen sind insoweit nicht wirklich möglich. Der damit verbundene Aufwand ist jedoch keine Folge der Vereinbarung des UN-Kaufrechts, sondern fällt gleichermaßen an, wenn der deutsche Importeur mit dem ausländischen Lieferanten die Geltung des deutschen BGB/HGB vereinbaren möchte. Die Vereinbarung des UN-Kaufrechts ist jedoch ungleich eher konsensfähig und bringt dem deutschen Importeur zudem den Vorzug des verschuldensunabhängigen Schadensersatzes und sollte daher angesichts des ohnehin anfallenden Redaktionsaufwandes favorisiert werden.

Im Ergebnis ist demzufolge nachdrücklich zu befürworten, internationale Einkaufsgeschäfte auf der Basis des UN-Kaufrechts abzuwickeln und in ergänzenden Internationalen Einkaufsbedingungen die Regelungen niederzulegen, die abweichend von dem UN-Kaufrecht gewünscht sind.

2. UN-Kaufrecht

a) Anwendungsbereich

Die heutige Praxis des Außenhandels verlangt nach einem international akzeptierten und durchsetzbaren Kaufrecht. Dieses Anliegen hat die UNO bereits in den 70er Jahren aufgegriffen. Das Ergebnis ist das erwähnte UN-Kaufrecht, das bis heute von 74 Staaten ratifiziert wurde (Gesetzestext im Anhang, zum Stand der Vertragsstaaten vgl. www.uncitral.org). Von den EU-Staaten haben bislang lediglich Großbritannien, Irland und Portugal sowie Malta das UN-Kaufrecht noch nicht übernommen.

Innerhalb seines Anwendungsbereiches gilt das UN-Kaufrecht „automatisch", ohne dass es einer dahingehenden Absprache der Vertragsparteien oder eines sonstigen, Zustimmung zur Geltung des UN-Kaufrechts zum Ausdruck bringenden Verhaltens bedarf, Art. 1 ff. CISG (Anmerkung: Alle folgend genannten Artikel ohne weitere Bezeichnung sind solche des CISG). Für Einkäufe deutscher Importeure bei Lieferanten, die in einem der anderen Vertragsstaaten des UN-Kaufrechts ansässig sind, ist damit ohne weiteres das UN-Kaufrecht maßgeblich. Allgemein gehaltene Rechtswahlklauseln wie etwa „Dieser Vertrag unterliegt deutschem Recht" führen gewöhnlich nicht zu einer anderen Beurteilung, sondern das UN-Kaufrecht bleibt grundsätzlich als Teil des deutschen Rechts maßgeblich. Für den Fall, dass die Parteien das UN-Kaufrecht insgesamt ausschließen möchten, sollten sie daher eine eindeutige Formulierung wählen. Der Ausschluss muss darüber hinaus auch rechtswirksam vereinbart werden. Insbesondere Ausschlussklauseln in AGB genügen den maßgeblichen Regeln des internationalen Rechtsverkehrs in aller Regel nur, wenn die AGB der anderen Vertragspartei spätestens bis zum Vertragsabschluss auch tatsächlich und in einer sprachlich verständlichen Abfassung vorgelegt wurden.

Unabhängig von der technischen Gestaltung des Ausschlusses sollte aber auch sorgfältig abgewogen werden, ob der Ausschluss des UN-Kaufrechts wirklich den Interessen des Importeurs entspricht. Insbesondere die verschuldensunabhängige Schadensersatzhaftung des Verkäufers ist für den Importeur ausgesprochen attraktiv, zumal eine gleichwertige Rechtslage bei Geltung des deutschen BGB/HGB über AGB nicht hergestellt werden kann. Zwar weist das UN-Kaufrecht auch Regelungsinhalte auf, die eher den Verkäufer begünstigen. Diese können jedoch durch geeignete Vertragsabsprachen oder AGB relativiert werden. Das UN-Kaufrecht räumt den Parteien in dieser Hinsicht deutlich großzügigere Gestaltungsspielräume ein, als dies nach dem deutschen Kaufrecht der Fall ist. Die Parteien haben es somit in der Hand, die nicht gewünschten Regeln des UN-Kaufrechts zu entschärfen und im übrigen auf der Basis des modernen, fast weltweit akzeptierten und gezielt für den internationalen Warenaustausch konzipierten UN-Kaufrechts einen maßgeschneiderten Rahmen für die Abwicklung ihrer Handelsgeschäfte zu erstellen.

b) Vertragsabschluss und AGB, Schriftform

Neben den Rechten und Pflichten des Käufers bzw. Verkäufers regelt das UN-Kaufrecht in Art. 14 ff. auch den Abschluss des Kaufvertrages. Zu beachten ist insbesondere:

- Die Proforma-Invoice ist nicht etwa unverbindlich, sondern stellt i.d.R. ein verbindliches Vertragsangebot dar, das durch eine Zustimmungsäußerung der anderen Seite ohne weiteres zu einem Vertrag führt.

- Das Angebot auf Abschluss eines Vertrages ist i.d.R. so lange widerrufbar, bis es von der anderen Seite angenommen worden ist.
- Bloßes Schweigen bedeutet i.d.R. keine Zustimmung, sondern bleibt rechtlich unerheblich.
- Der Preis für die Ware muss bei Vertragsabschluss hinreichend bestimmbar sein, andernfalls kann der Vertragsabschluss scheitern.
- Wenn die Vertragsannahmeerklärung verspätet oder mit gegenüber dem Angebot abweichendem Inhalt erfolgt, ist besonders umsichtig zu überprüfen, ob und mit welchem Inhalt ein Vertrag zustande gekommen ist. Im Zweifel empfiehlt sich eine abschließende Bestätigung.

Nach dem UN-Kaufrecht beurteilt sich auch, ob AGB wirksam zum Vertragsinhalt geworden sind. Von der Rechtsprechung sind hierzu die nachstehenden Voraussetzungen konkretisiert worden:

- Die AGB sind vollständig entweder in der Heimatsprache der anderen Partei oder in der Sprache des Vertrages abzufassen; ist diese Prämisse nicht gegeben, kommen die AGB nur zur Geltung, wenn die andere Partei sie auch sprachlich versteht.
- Die AGB müssen der anderen Vertragspartei spätestens bei Abschluss des Vertrages in vollständigem Wortlaut vorliegen. Der Importeur hat daher dafür Sorge zu tragen, dass seine AGB der anderen Vertragspartei auch tatsächlich übergeben werden.
- Zudem muss spätestens bei Abschluss des Vertrages deutlich und in der gebotenen Sprache auf die Geltung der AGB hingewiesen werden.
- Die andere Vertragspartei darf den AGB nicht widersprechen. Eine ausdrückliche Zustimmung der anderen Partei zu den AGB ist jedoch nicht erforderlich.
- Eine Dokumentation von Übergabe und sprachlichem Verständnis der AGB ist nicht vorgeschrieben, kann aus Gründen der Beweisführung jedoch sinnvoll sein.

Die Anforderungen für die Einbeziehung von AGB nach dem UN-Kaufrecht sind also deutlich strenger als die Regeln, die die deutsche Rechtsprechung für den innerdeutschen kaufmännischen Geschäftsverkehr entwickelt hat. Dieser Befund sollte jedoch nicht dazu verleiten, das UN-Kaufrecht auszuschließen und stattdessen die Geltung des BGB vorzusehen. Denn zum einen sind Ausschlussklauseln in AGB überhaupt nur beachtlich, wenn die vorstehend aufgestellten Voraussetzungen für die Einbeziehung der AGB erfüllt werden. Zum anderen sind die innerdeutschen Regelungen zur Einbeziehung von AGB in Verträge zwischen Unternehmern – aus rechtlichen Gründen gemäß Art. 31 Abs. 2 EGBGB bzw. Art. 10 Abs. 2 VO (EG) 593/2008 (Rom I-VO) – nicht internationalisierungsfähig, d. h., dass ungeachtet der Sprachenproblematik der bloße Hinweis auf bis zum Vertragsabschluss nicht tatsächlich übergebene AGB gegenüber ausländischen Geschäftspartnern in aller Regel nicht ausreicht.

Das UN-Kaufrecht sieht ausdrücklich vor, dass für UN-Kaufverträge keine besonderen Formerfordernisse gelten. Da einzelne Vertragsstaaten des UN-Kaufrechts jedoch von einer besonderen Vorbehaltsmöglichkeit Gebrauch gemacht haben, empfiehlt es sich, Kaufverträge im Zweifel schriftlich niederzulegen. Die von dem UN-Kaufrecht vorgesehene Formfreiheit setzt sich insbesondere auch gegenüber ausländischen Sprachgesetzen durch. Bei einem Ausschluss des UN-Kaufrechts hingegen verzichtet der Importeur auf diesen Schutz. Der Gedanke des UN-Kaufrechts ist es gerade, innerhalb seines Geltungsbereichs einen einheitlichen Rahmen für die am Außenhandel Beteiligten zu schaffen, der durch gesetzgeberische Maßnahmen einzelner Staaten – wie etwa im Jahre 2000 das polnische Sprachgesetz – nicht gestört werden kann.

c) Pflichten des Verkäufers und des Käufers

Das UN-Kaufrecht regelt in Art. 30 ff. die Pflichten des Verkäufers und in Art. 53 ff. die Pflichten des Käufers. In eigenen Kapiteln außerhalb dieses Gliederungsschemas sind gemeinsame Bestimmungen

- zum Gefahrübergang, Art. 66 ff.,
- zum Zurückhalterecht, Art. 71,
- zur Leistungsbefreiung, Art. 79 f.
- und zur Erhaltung der Ware, Art. 85 ff., vorgesehen.

Der Verkäufer ist verpflichtet, Art. 30 ff.,

- die Ware zu liefern,
- die zugehörigen Dokumente zu übergeben
- und das Eigentum an der Ware zu übertragen.
- Art. 32 sieht zudem besondere Pflichten im Zusammenhang mit der Beförderung der Ware vor.

Gewöhnlich erfüllt der Verkäufer seine Lieferpflicht, indem er die Ware einem Transportunternehmen mit dem Auftrag zur Beförderung an den Käufer übergibt, Art. 31 Buchst. a). Wünscht der Importeur hingegen, dass ihm die Ware „frei Haus" angeliefert wird, bedarf es dazu einer besonderen Absprache. Anders als nach dem BGB ist der Verkäufer nicht berechtigt, vor Fälligkeit zu liefern. Noch einmal anders als nach dem BGB löst jedes Überschreiten des maßgeblichen Liefertermins ohne weiteres, d. h. ohne dass es einer Mahnung, einer Fristsetzung, eines Verschuldens oder sonstiger Voraussetzungen bedarf, Schadensersatzverpflichtungen des Lieferanten aus.

Die Pflichten des Käufers umfassen namentlich,
- den Kaufpreis zu zahlen
- und die Ware abzunehmen, Art. 53 ff.
- Zudem ist der Käufer verpflichtet, alle Maßnahmen zu ergreifen, damit die Zahlung rechtzeitig geleistet werden kann, Art. 54.

Vorbehaltlich anderer Vereinbarungen ist der Kaufpreis erst zu zahlen, nachdem dem Käufer die Ware oder die berechtigenden Dokumente zur Verfügung gestellt worden sind, Art. 58. Aus dieser Vorschrift folgt, dass – anders als nach deutschem BGB – der Verkäufer im Zweifel vorleistungspflichtig ist und die Kaufpreiszahlung erst fällig wird, nachdem der Käufer über die Ware verfügen kann. Soweit nicht, wie etwa beim Dokumenteninkasso, die Zahlung Zug-um-Zug gegen Übergabe der Ware bzw. Dokumente zu leisten ist, hat die Zahlung an der Niederlassung des Verkäufers zu erfolgen, Art. 57 Abs. 1 Buchst. a). Die Kosten und Risiken des Zahlungstransfers trägt also der Käufer.

d) System der Leistungsstörungen

Das UN-Kaufrecht unterscheidet nicht nach unterschiedlichen Arten der Leistungsstörung wie Verzug, Unmöglichkeit, Wegfall der Geschäftsgrundlage usw., sondern sieht einheitlich den Tatbestand der Vertragsverletzung vor, wenn eine Partei eine ihr obliegende Pflicht nicht ordnungsgemäß erfüllt, Art. 45, 61. Das Leistungsstörungsrecht des UN-Kaufrechts ist damit ganz besonders transparent und deutlich übersichtlicher als das des BGB/HGB.

Das UN-Kaufrecht differenziert allerdings durchgängig zwischen der wesentlichen und der nicht wesentlichen Pflichtverletzung, Art. 25. Nur bei wesentlicher Pflichtverletzung kann der Gläubiger die Aufhebung des Vertrages erklären oder vergleichbar einschneidende Rechtsbehelfe ergreifen. Im Falle nicht wesentlicher Verletzung eröffnen nur eng umrissene Fallgestaltungen die Möglichkeit, über eine Nachfristsetzung doch noch das Recht zur Vertragsaufhebung zu erlangen. Sinn und Zweck dieser Regelung ist es, aus Gründen einer übergeordneten Wirtschaftlichkeit die einseitig durch eine Partei verfolgte Auflösung des Vertrages auf wirklich schwerwiegende Störungen zu beschränken.

Das UN-Kaufrecht stellt für den Fall nicht ordnungsgemäßer Leistungserbringung (Leistungsstörung) dem Verkäufer vier und dem Käufer fünf Basisrechtsbehelfe zur Verfügung:

- Grundsätzlich behält der Gläubiger einer nicht ordnungsgemäß erbrachten Leistung weiterhin den Anspruch auf Erfüllung, Art. 46 Abs. 1, 62. Um dem angloamerikanischen Vertragsverständnis Rechnung zu tragen, bestimmt Art. 28 allerdings, dass der nationale Richter unter bestimmten Voraussetzungen einen auf das UN-Kaufrecht gestützten Erfüllungsanspruch ablehnen kann. Auch schränkt Art. 46 Abs. 2 und 3 den Anspruch auf vollständige Erfüllung ein, wenn der Verkäufer vertragswidrige Ware geliefert hat. So kann der Käufer Nachbesserung nur geltend machen, soweit die Nachbesserung unter Berücksichtigung aller Umstände für den Verkäufer nicht unzumutbar ist, Art. 46 Abs. 3. Der Anspruch auf Ersatzlieferung nach Art. 46 Abs. 2 setzt – insoweit deutlich schärfer als das deutsche Kaufrecht – voraus, dass die vertragswidrige Lieferung auch eine wesentliche Pflichtverletzung darstellt. Nicht diesen Schweregrad erreichende Pflichtverletzungen berechtigen nach UN-Kaufrecht den Käufer zu anderen Rechtsbehelfen, nicht jedoch zu einer Ersatzlieferung (nach deutschem Kaufrecht kann hingegen im Prinzip jeder, auch ein geringfügiger Mangel zu einem Ersatzlieferungsanspruch des Käufers führen). Hinzu kommt – ebenfalls anders als nach deutschem Kaufrecht –, dass sowohl die Nachbesserung als auch die Ersatzlieferung nur innerhalb angemessener Frist (wenige Monate!) geltend gemacht werden können.
- Als weiteren Rechtsbehelf eröffnet das UN-Kaufrecht die Möglichkeit der Vertragsaufhebung, Art. 49, 64. Der Gläubiger kann den Vertrag grundsätzlich aber nur aufheben, wenn die Pflichtverletzung des Schuldners **wesentlich** ist. Geringfügigere Störungen hingegen rechtfertigen keine Lösung von dem Vertrag. Die bloße Lieferung vertragswidriger Ware, die nicht zugleich eine wesentliche Pflichtverletzung ausmacht, gibt dem Käufer – anders als nach deutschem BGB – daher keine Möglichkeit, vom Vertrag zurückzutreten. Soweit die Parteien hierzu nicht besondere Absprachen getroffen haben, wird eine wesentliche Vertragsverletzung von der Rechtsprechung erst dann angenommen, wenn der Käufer nachweist, dass er die vertragswidrige Ware auch unter Berücksichtigung eines Preisabschlages nicht anderweitig absetzen und auch nicht anderweitig verwerten kann. Im Interesse alsbaldiger Klarheit schreibt das UN-Kaufrecht zudem vor, dass die Vertragsaufhebung grundsätzlich nur innerhalb einer angemessenen Frist ausgeübt werden kann. Insgesamt betrachtet hat der Käufer vorbehaltlich anderer Absprachen bei Geltung des UN-Kaufrechts damit zwar erheblich weniger Handhabe als nach

deutschem Recht, wegen Lieferung mangelhafter Ware von dem Vertrag zurückzutreten. Dafür erhält er auf der anderen Seite einen schuldunabhängigen Schadensersatzanspruch, über den alle Fehlleistungen des Verkäufers unschwer kompensiert werden.

- Der mit vertragswidriger Ware belieferte Käufer kann anstelle des Erfüllungsanspruchs bzw. anstelle der Vertragsaufhebung auch nach Maßgabe des Art. 50 den Kaufpreis herabsetzen. Die Kaufpreisherabsetzung entspricht weitgehend der Minderung des BGB, setzt aber anders als im BGB nicht voraus, dass zugleich die Voraussetzungen zur Aufhebung des Vertrages gegeben sind.
- Zusätzlich zu den vorstehend angesprochenen Rechtsbehelfen gewährt das UN-Kaufrecht jedem Gläubiger einer nicht ordnungsgemäß erfüllten Vertragspflicht einen Anspruch auf Schadensersatz, Art. 45 Abs. 2, 61 Abs. 2. Nach der Konzeption des UN-Kaufrechts haftet der Schuldner grundsätzlich verschuldensunabhängig allein aufgrund der objektiven Feststellung, dass er eine seiner Pflichten nicht ordnungsgemäß erfüllt hat (Garantiehaftung). Die Schadensersatzverpflichtung entfällt nur, soweit der Schuldner sich nach Maßgabe der Art. 79, 80 entlasten kann, der Gläubiger nicht die gebotenen Maßnahmen zur Schadensminderung unternommen hat oder aber Vereinbarungen zur Haftungsbeschränkung getroffen wurden. In dieser Hinsicht ist das UN-Kaufrecht aus Sicht des Käufers deutlich attraktiver als das deutsche BGB, das im Prinzip ohne Verschulden des Verkäufers dem Käufer keinen Schadensersatz zubilligt.
- Schließlich sieht das UN-Kaufrecht in Art. 78 einen Anspruch des nicht rechtzeitig bezahlten Gläubigers auf Zinsen vor. Die näheren Modalitäten der Zinszahlung, namentlich der anzuwendende Zinssatz sind nicht im UN-Kaufrecht geregelt.

Die vorstehend dargestellten Rechtsbehelfe gelten bei jeder Art von Leistungsstörung und damit auch, wenn der Verkäufer vertragswidrige Ware liefert. Soweit die Leistungsstörung in der Lieferung vertragswidriger Ware besteht, hat der Käufer jedoch zu beachten, dass er vorbehaltlich anderer Absprachen ähnlich wie im deutschen BGB/HGB zur Wahrung seiner Rechtsbehelfe die Vertragswidrigkeit ordnungsgemäß an den Verkäufer anzeigen muss. Andernfalls riskiert der Käufer den Verlust der Rechtsbehelfe wegen vertragswidriger Lieferung.

- Das UN-Kaufrecht versteht unter Vertragswidrigkeit jede Abweichung der Lieferung von den vertraglichen oder gesetzlichen Vorgaben. Soweit die Parteien keine Absprachen im Hinblick auf die zu liefernde Ware getroffen haben, gilt Art. 35 Abs. 2. Nach der hierzu ergangenen Rechtsprechung kann der Käufer vorbehaltlich besonderer Umstände nicht darauf vertrauen, dass die aus dem Ausland zu liefernde Ware den produktrechtlichen Bestimmungen des Import-Landes genügt. Vielmehr liefert der Verkäufer vertragsgemäß, wenn die Ware den produktrechtlichen Bestimmungen des Verkäufer-Landes entspricht. Diese Regel ist im Vergleich zu dem ganz die Käuferinteressen in den Vordergrund stellenden § 434 BGB ein deutlicher Nachteil für den Importeur und muss deshalb gezielt angesprochen und anders geregelt werden. In der Praxis bereiten derartige Absprachen, die auch in AGB niedergelegt werden können, allerdings keine Probleme. Dieser Aspekt darf nur nicht übersehen werden.

- Zur Erhaltung der Ansprüche wegen Lieferung vertragswidriger Ware obliegt es dem Käufer, Vertragswidrigkeiten innerhalb **angemessener** Frist dem Verkäufer anzuzeigen, Art. 39. Der Vorbereitung dieser Anzeige dient die von dem Käufer nach Art. 38 innerhalb kurzer Frist vorzunehmende Untersuchung. Als „Faustregel" lässt sich festhalten, dass die kurze Untersuchungsfrist gewöhnlich einen Zeitraum von 3 bis 4 Arbeitstagen umfasst, der jedoch je nach Lage des Falles zu verkürzen oder zu erweitern ist. Die Vertragswidrigkeiten sind dann innerhalb angemessener Frist anzuzeigen. Als je nach Situation anzupassender Mittelwert kann hierfür ein Zeitraum von etwa 10 Arbeitstagen angesetzt werden. Diese Frist läuft zu dem Zeitpunkt an, zu dem der Verkäufer die Vertragswidrigkeit „festgestellt hat oder hätte feststellen müssen", Art. 39 Abs. 1. Der Käufer wird demzufolge nicht in jedem Fall mit einer Addition von kurzer Untersuchungs- und angemessener Anzeigefrist rechnen können. Insgesamt wird die Regelung aber weniger streng als der deutschrechtliche § 377 HGB sein. Zudem muss in der Anzeige die Art des Mangels sowie der Umfang der von ihm betroffenen Ware genau bezeichnet werden.
- Die nicht ordnungsgemäße oder unterlassene Anzeige führt grundsätzlich zum Verlust der Rechtsbehelfe des Käufers wegen vertragswidriger Lieferung. War der Verkäufer hingegen bösgläubig, Art. 40, oder kann der Käufer eine vernünftige Entschuldigung vorbringen, Art. 44, bleiben ihm – insofern deutlich vorteilhafter als nach deutschem Recht – in gewissem Umfang Folgeansprüche. Mit einer ordnungsgemäßen Anzeige hingegen sichert sich der Käufer alle Rechtsbehelfe wegen der gerügten Vertragswidrigkeit.

e) Ausblick

In der Praxis ist auch heute noch eine Neigung feststellbar, die Geltung des UN-Kaufrechts auszuschließen. Ungeachtet der rechtlichen Schwierigkeiten, die mit einer Ausschlussklausel namentlich in AGB verbunden sein können, gibt es gute Gründe, sich vor einer solchen Entscheidung zunächst einmal inhaltlich mit dem UN-Kaufrecht auseinander zu setzen.

Für den Importeur bietet das UN-Kaufrecht im Vergleich zum deutschen BGB/HGB handfeste Vorzüge, die zum Teil – wie etwa die verschuldensunabhängige Schadensersatzhaftung des Verkäufers – bei Geltung des BGB/HGB nicht einmal in dieser Art in Klauselbedingungen vereinbart werden könnten. Allerdings enthält das UN-Kaufrecht auch Regelungen, die eher den Verkäufer begünstigen. Da das UN-Kaufrecht jedoch so gut wie keine zwingenden Regelungen aufweist und bis an die Grenze der Gesetzes- und Sittenwidrigkeit abänderbar ist, können die verkäuferfreundlichen Bestimmungen durch ergänzende Vertragsklauseln oder AGB entschärft und für den Käufer akzeptabel ausgestaltet werden. Aufgrund des auch in der EU noch feststellbaren Regelungsgefälles im Hinblick auf die produktrechtlichen Anforderungen, denen in Verkehr gebrachte Ware zu entsprechen hat, ist es besonderes wichtig für den Käufer, klare Regelungen zu den Anforderungen zu treffen, welche die zu liefernde Ware zu erfüllen hat. Soweit die von dem Importeur eingeführten Produkte in Deutschland den besonderen Bestimmungen zum Verbrauchsgüterkauf unterliegen, §§ 474 ff. BGB, sollte der Importeur mit seinem ausländischen Lieferanten auch geeignete Vorkehrungen treffen, um von Seiten seiner Abnehmer an ihn herangetragene Reklamationen an den ausländischen Lieferanten weiterleiten zu können.

Unabhängig von der Parteirolle bietet sich das UN-Kaufrecht als neutrales, rechtlich bedingte Wettbewerbsverzerrungen reduzierendes und international weitgehend anerkanntes Gesetz an, wenn etwa Verträge mit öffentlichen Auftraggebern anstehen oder in Vertragsverhandlungen um das anwendbare Recht gerungen wird. Hinzu kommt die für die Praxis nicht zu unterschätzende Erleichterung, dass das UN-Kaufrecht praktisch in allen Sprachen vorliegt. Mit dem UN-Kaufrecht wird international operierenden Unternehmen die Möglichkeit eröffnet, weitgehend losgelöst von den spezifischen Besonderheiten des jeweiligen Ziellandes einen einheitlichen rechtlichen Rahmen für die Abwicklung ihrer Außenhandelsgeschäfte zu schaffen.

3. INCOTERMS

Schon lange finden im internationalen Handel Klauseln und Kurzformeln Anwendung, um die typischen Pflichten des grenzüberschreitend tätigen Käufers und Verkäufers in einer kaufmännisch-praktikablen Kurzfassung zu komprimieren. Zu den bekanntesten

Klauselwerken zählen die branchenunabhängig konzipierten INCOTERMS (International Commercial Terms) der Internationalen Handelskammer mit Hauptsitz in Paris (ICC). Die INCOTERMS regeln jedoch lediglich einen Ausschnitt aus den bei Außenhandelsgeschäften typischen Hauptpflichten des Käufers und des Verkäufers. Sie enthalten z. B. keine Aussagen zum Abschluss des Kaufvertrages selbst, den Modalitäten der Kaufpreiszahlung, den Eigentumsverhältnissen an der Ware und zu den Konsequenzen von Leistungsstörungen. Stattdessen treffen sie Regelungen insbesondere zur Beförderung und Versicherung der Ware, zum Lieferort, zum Gefahrenübergang, zur Kostentragung sowie zur Verantwortung für Lizenzen, Genehmigungen und Formalitäten.

a) Die Hauptgruppen der INCOTERMS

Die INCOTERMS sind zum letzten Mal im Jahr 2000 aktualisiert worden. Die aktuelle Fassung wird daher zitiert als „INCOTERMS 2000". Neue INCOTERMS sind für 2011 geplant. Die INCOTERMS bestehen aus 13 Klauseln mit jeweils einem eigenen 3-Buchstaben-Code. Nach den Anfangsbuchstaben der englischsprachigen Fassung sortiert gliedern sie sich in 4 Hauptgruppen. Jede Hauptgruppe ist dadurch gekennzeichnet, dass die Kosten- und Risikotragung innerhalb der Gruppe nach dem gleichen Prinzip, aber unterschiedlich gegenüber den anderen Hauptgruppen ausgestaltet ist. Die Pflichten des Verkäufers nehmen von der E- über die F- und die C- bis zu den D-Klauseln zu, während sich die Verantwortung des Käufers entsprechend reduziert.

- E-Gruppe: Die einzige Klausel dieser Gruppe (EXW – ab Werk) verlangt von dem Verkäufer, dass er die Ware verpackt und gekennzeichnet dem Käufer lediglich zur Abholung zur Verfügung stellt. Soweit keine Lieferzeit vereinbart ist, hat der Verkäufer zu „üblicher Zeit" zu liefern. Diese Klausel ist für den Importeur am ungünstigsten.
- F-Gruppe: Nach allen Klauseln der F-Gruppe (FCA – frei Frachtführer, FAS – frei Längsseite Schiff, FOB – frei an Bord) ist der Käufer für den Haupttransport der Ware verantwortlich. Der Verkäufer ist lediglich verpflichtet, die Ware bis zu dem benannten Lieferort zu befördern und sie für den Export frei zu machen. Die Durchfuhr durch dritte Staaten und die Einfuhr in das Bestimmungsland ist Angelegenheit des Käufers. Während die Klauseln FAS und FOB für Schiffsbeförderungen vorgesehen sind, ist die INCOTERM FCA für sämtliche Transportarten und insbesondere für die Versendung von Containern konzipiert.
- C-Gruppe: Die Klauseln CFR (Kosten und Fracht) und CIF (Kosten, Versicherung und Fracht) sind für den Schiffstransport gedacht, während die Klauseln CPT (frachtfrei) und CIP (frachtfrei versichert) für jede Transportart eingesetzt werden

können. Gemeinsam ist allen Klauseln, dass der Verkäufer zwar den Haupttransport auf eigene Kosten abzuschließen hat, die Gefahr jedoch ebenso wie bei der F-Gruppe bereits mit der Übergabe an den Frachtführer des Haupttransports auf den Käufer übergeht. Wegen unterschiedlicher Schnittstellen für Lieferort und Gefahrübergang einerseits und Abnahmeort und Kostenübergang andererseits („Zweipunktklausel") kann der Verkäufer verpflichtet werden, für die Ware eine Transportversicherung abzuschließen (CIP bzw. CIF), die in der Regel jedoch lediglich eine Mindestversicherung umfasst.
- D-Gruppe: Als typisches Charakteristikum sämtlicher Klauseln der D-Gruppe (DAF – geliefert Grenze, DES – geliefert ab Schiff, DEQ – geliefert ab Kai, DDU – geliefert unverzollt, DDP – geliefert verzollt) hat der Verkäufer alle Kosten und Risiken bis zum Eintreffen der Ware an dem benannten Bestimmungsort zu tragen. Die D-Klauseln bilden demzufolge weitgehend die Umkehrregelung zu der F-Gruppe und sind für den Importeur am günstigsten.

b) Empfehlungen für den Umgang mit INCOTERMS

Die INCOTERMS haben sich in der Praxis außerordentlich gut bewährt und eignen sich vorzüglich zur näheren Ausgestaltung der Pflichten des Verkäufers bzw. Käufers unter der Geltung des UN-Kaufrechts. Allerdings ist auf einige Aspekte hinzuweisen, die bei der Arbeit mit INCOTERMS stets beachtet werden sollten:
- Die INCOTERMS regeln lediglich bestimmte Primärpflichten und können demzufolge das an sich maßgebliche Kaufrecht – etwa das UN-Kaufrecht – nur in Teilen ergänzen, modifizieren und konkretisieren, es jedoch nicht insgesamt ersetzen.
- Die INCOTERMS formulieren Pflichten lediglich im Verhältnis des Verkäufers zum Käufer, ordnen jedoch keine Pflichten für den Transporteur, das Versicherungsunternehmen, die beteiligten Banken usw. an.
- Bei Verwendung einer INCOTERM sollte grundsätzlich der Zusatz „INCOTERMS 2000" angefügt werden, um klarzustellen, dass die von der ICC zur Auslegung von Handelsklauseln aufgestellten Regeln in der aktuellen Version anzuwenden sind und nicht etwa andere Regelwerke berufen werden.
- Die E-, F- und D-Klauseln erwarten, dass der Lieferort von den Parteien benannt wird. Die C-Klauseln setzen die Benennung des jeweiligen Bestimmungsortes voraus. Darüber hinaus können die Parteien auch die konkrete Lieferstelle bezeichnen. Ansonsten steht es in der Regel dem Verkäufer frei, die maßgebliche Lieferstelle auszuwählen.

- Sämtliche Klauseln gehen davon aus, dass die Parteien einen Lieferzeitpunkt oder Lieferzeitraum bestimmen. Lediglich die Klausel EXW sieht vor, dass andernfalls zu „üblicher" Zeit zu liefern ist.
- Bei der Verwendung einer Klausel sollte die ihr zugedachte Transportart beachtet werden. Formulierungen wie „FOB – Flughafen Frankfurt" schaffen Missverständnisse und Differenzen, da die Klausel FOB – ebenso wie FAS, CFR, CIF, DES und DEQ – nur für die Schiffsbeförderung konzipiert ist.
- Nach fast allen Klauseln obliegt dem Verkäufer die Export- und dem Käufer die Importfreimachung. Für den Importeur am günstigsten ist „DDP".
- Die Klauselinhalte sind in keiner Weise zwingend und können von den Parteien ganz nach ihren Vorstellungen modifiziert werden. Dabei ist jedoch darauf zu achten, dass die Modifikationen eindeutig und unmissverständlich formuliert und zudem die Strukturprinzipien der jeweiligen Klausel bzw. ihrer Gruppe respektiert werden.
- Die INCOTERMS sehen durchgängig Benachrichtigungspflichten vor, die in dem vorgeschriebenen Umfang in der Praxis häufig nicht beachtet werden.
- Vor endgültiger Vereinbarung einer INCOTERM sollten die von der ICC zu ihrer Auslegung aufgestellten Regeln herangezogen und überprüft werden, ob jede Partei die ihr danach obliegenden Verpflichtungen auch erfüllen kann.
- Umfangreiche Informationen zum Thema „Transportversicherung" bietet die Website www.tis-gdv.de des Gesamtverbands der deutschen Versicherungswirtschaft.

c) Übersicht INCOTERMS 2000

	Verpackung, Kennzeichnung	Transport zum Lieferort	Exportfreimachung	Haupttransport	Transportversicherung	Abnahmeort, Kostenlast
EXW	V	–	K	–	–	
FAS	V	V	V	K	–	
FCA	V	V	V	K	–	
FOB	V	V	V	K	–	
CFR	V	V	V	V	–	
CIF	V	V	V	V	V	
CPT	V	V	V	V	–	
CIP	V	V	V	V	V	
DAF	V	V	V	V	–	
DES	V	V	V	V	–	
DEQ	V	V	V	V	–	
DDU	V	V	V	V	–	
DDP	V	V	V	V	–	

Abnahmeort, Kostenlast und Lieferort, Gefahrtragung: Die Begrenzungs- und Trennungslinien der Spalten markieren – von links nach rechts – die Niederlassung des Verkäufers, den Beginn des Haupttransportes, den Bestimmungsort des Haupttransportes und die Niederlassung des Käufers.

Lieferort, Gefahrtragung	Durchfuhr	Importfrei-machung	Transport ab Bestimmungsort	Transportart	Lieferhandlung	Besonderheiten
	K	K	K	–	unverladen zur Verfügung stellen	hilfsweise Lieferung zu üblicher Zeit
	K	K	K		längsseite zur Verfügung stellen	
	K	K	K	sämtliche Transportarten	Übergabe bzw. zur Verfügung stellen	Verantwortung für Verladung je nach Lieferort
	K	K	K		an-Bord-Übergabe an Frachtführer	
	K	K	K		an-Bord-Übergabe an Frachtführer	Verfügungsrecht des Käufers über d. Ware während d. Transports vorzusehen
	K	K	K		an-Bord-Übergabe an Frachtführer	
	K	K	K	sämtliche Transportarten	Übergabe an Frachtführer	Kosten der Ver- bzw. Entladung entsprechend Transportvertrag
	K	K	K	sämtliche Transportarten	Übergabe an Frachtführer	
	V	K	K	sämtliche Transportarten	nicht entladen zur Verfügung stellen	Möglichkeit der Durchfracht
	V	K	K		nicht entladen zur Verfügung stellen	
	V	K	K		zur Verfügung stellen	
	V	K	K	sämtliche Transportarten	nicht entladen zur Verfügung stellen	
	V	V	K	sämtliche Transportarten	nicht entladen zur Verfügung stellen	

V = Pflicht des Verkäufers   K = Pflicht des Käufers   – = keine Pflicht

4. Risiken des Importgeschäfts und Möglichkeiten der Absicherung

Das Interesse des Importeurs ist insbesondere auf die rechtzeitige sowie sach- und rechtsmangelfreie Lieferung durch den Verkäufer gerichtet. Wesentliches Anliegen des Exporteurs ist es, im Austausch gegen die zu liefernde Ware oder aber zum abgesprochenen Fälligkeitstermin den vereinbarten Kaufpreis zu erhalten. Im Sinne eines reibungslosen Geschäftsablaufs sollten die wechselseitigen Gestaltungsmöglichkeiten bekannt sein.

a) Die verschiedenen Zahlungsmöglichkeiten

- offene Rechnung: Die offene Rechnung ist für den Importeur die einfachste, für den Verkäufer aber die risikoreichste Form der Zahlungsabwicklung. Wie bei einem gewöhnlichen Inlandsgeschäft erhält der Importeur die Ware mitsamt der Rechnung und zahlt innerhalb einer bestimmten Frist. Für den Exporteur bedeutet dies, dass er die Ware aus der Hand gibt, ohne wirklich sicher sein zu können, dass der Importeur auch zahlt. Die Zahlung auf Rechnung setzt im Außenhandelsgeschäft also ein sehr gutes Vertrauensverhältnis oder eine starke Verhandlungsposition des Importeurs voraus.
- Abschlagszahlung: Bei der Abschlagszahlung zahlt der Importeur den vereinbarten Kaufpreis in mehreren Raten vor Lieferung. Dies ist in der Regel der Fall bei größeren (Investitions-) Gütern mit mehreren Fertigungsstufen, die der Exporteur gegebenenfalls durch Zahlungen des Käufers vorfinanzieren muss. Für den Importeur ist dies insoweit nachteilig, als er „Vorkasse" leistet, ohne sicher sein zu können, ob er die Ware auch vereinbarungsgemäß erhält. Dieses Risiko kann durch eine Anzahlungsgarantie (unter Hinzuziehung einer Bank) vermieden werden, wobei sichergestellt wird, dass der Importeur die Anzahlungen bei Nichtlieferung zurückerhält.
- Vorauszahlung/Anzahlung: Bei dieser Form versendet der Verkäufer die Ware erst, wenn er vom Importeur einen Teilbetrag (Anzahlung) des vereinbarten Kaufpreises oder gar den Gesamtbetrag (Vorauszahlung) erhalten hat. Dies setzt wiederum beim Importeur ein hohes Maß an Vertrauen oder eine starke Verhandlungsstellung des Geschäftspartners voraus, da der Importeur sich nicht sicher sein kann, ob er die Ware tatsächlich und vereinbarungsgemäß erhält.

Um die Interessen beider Seiten gleichermaßen zu berücksichtigen, kommen daher die beiden folgenden Zahlungsmöglichkeiten in Betracht.

- Dokumenteninkasso: Beim Dokumenteninkasso erhält der Importeur die Dokumente, die die Verfügung über die Ware erst ermöglichen (z. B. Konnossement), erst gegen Zahlung des Kaufpreises (documents against payment, abgekürzt: d/p) oder gegen ein Wechselakzept (documents against acceptance, abgekürzt: d/a). Bei der zweiten Variante räumt der Verkäufer dem Importeur ein Zahlungsziel ein, das zusätzlich durch eine Bankgarantie (Aval) abgesichert werden kann. Die Abwicklung des Dokumenteninkassos wird in der Regel von einer (oder mehreren) Bank(en) übernommen. Diese erhält vom Verkäufer die Papiere, händigt sie dem Importeur aus und schreibt dem Exporteur den gezahlten Kaufpreis gut. Im Unterschied zum Akkreditiv geht der Exporteur insoweit in Vorleistung, als er die Ware versendet, ohne sicher zu sein, dass die Zahlung auch tatsächlich erfolgt. Er trägt somit das Abnahmerisiko und darüber hinaus das Risiko der Zahlungsfähigkeit/Zahlungswilligkeit des Importeurs. Für den Importeur hat es den Vorteil, dass er bei Erhalt der Dokumente davon ausgehen kann, dass die Ware versandt wurde, wenn sie nicht sogar bereits am Bestimmungsort angekommen ist. Er trägt jedoch weiterhin das Risiko möglicher Mängel an der Ware hinsichtlich der vereinbarten Menge und Qualität, da er diese in der Regel erst nach Zahlung des Kaufpreises in Empfang nehmen kann. Dieses Risiko kann gegebenenfalls durch eine vorherige Überprüfung der Ware und Bescheinigung des Prüfergebnisses durch ein Wareninspektionszertifikat vermieden werden. Es kann auch eine Übergabe der Ware bei Kaufpreiszahlung vereinbart werden.
- Dokumentenakkreditiv: Ein wesentlicher Unterschied zum Dokumenteninkasso besteht beim Akkreditiv darin, dass die Bank selbst ein Zahlungsversprechen gegenüber dem Verkäufer abgibt. Sie zahlt ihm den vereinbarten Preis, sobald dieser ihr die für den Importeur bestimmten und genau vereinbarten Dokumente übergibt. Das Akkreditiv ist insoweit unabhängig vom Kaufvertrag, da die Bank in jedem Fall zahlt, sobald ihr die richtigen Dokumente vorliegen. Der Vorteil des Dokumentenakkreditivs liegt allerdings in erster Linie beim Verkäufer. Dieser kann sicher sein, dass er nach Eröffnung des Akkreditivs durch die vom Importeur beauftragte Bank die Zahlung bei Dokumentenübergabe auch sicher erhält. Der Importeur hat lediglich die Gewissheit, dass die von der Bank bei Zahlung in Empfang genommenen Dokumente mit den im Akkreditiv vereinbarten übereinstimmen und die Ware versandt worden ist. Es kann auch vereinbart werden, dass der Exporteur vor Einreichung der Dokumente einen Vorschuss aus dem Akkreditiv erhält, beispielsweise für die Finanzierung des Versands. Ein weiterer Nachteil sind die gegenüber dem Dokumenteninkasso höheren Kosten des Akkreditivs (abhängig von der Art des Geschäfts, häufig mehrere Prozent des Auftragswerts) sowie der Um-

stand, dass der Importeur etwaige Gewährleistungs- und sonstige Gegenansprüche nicht mehr mit dem Kaufpreis verrechnen kann. Wichtig für den Importeur ist noch, dass er sicherstellt, dass keine Importbeschränkungen für die Ware vorliegen, da die Zahlung in der Regel bereits abgewickelt ist, wenn die Ware an der Grenze eintrifft. Wie beim Dokumenteninkasso ist also auch beim Dokumentenakkreditiv die Ware bei Empfangnahme durch den Käufer regelmäßig schon bezahlt. Das daraus resultierende Risiko, dass die nach Zahlung erhaltene Ware mangelhaft sein könnte, kann aber, wie beim Dokumenteninkasso auch, durch das Mittel des Wareninspektionszertifikats reduziert werden. Im Übrigen gilt bei Verwendung des Akkreditivs für den Importeur: Erst zahlen, dann prozessieren.

b) Absicherung durch Vertragsgestaltung

Der Importeur ist in erster Linie dem Risiko ausgesetzt, dass die gelieferte Ware in der falschen Menge geliefert wird oder Mängel aufweist. Dies ist insoweit problematisch, als die Zahlung bei Erhalt der Ware häufig schon geleistet wurde, ein sanktionierendes Zurückbehaltungsrecht somit ausscheidet. Es kann jedoch bereits bei der Vertragsgestaltung darauf hingearbeitet werden, spätere Rechtsbehelfe besser durchsetzen oder sich schadlos halten zu können.

- Anwendbares Recht: Im Hinblick auf die Rechtssicherheit ist es unbedingt empfehlenswert, zunächst das anzuwendende Recht zu bestimmen. Dem Grundsatz der Vertragsfreiheit entsprechend kann prinzipiell jedes, auch das Recht eines Drittstaates zur Grundlage eines Vertrages gemacht werden, solange das Recht des Exportstaates eine entsprechende Rechtswahl zulässt. Ist nichts vereinbart, bestimmt sich das anwendbare Recht nach den Regeln des Internationalen Privatrechts der Staaten, in denen die Vertragsparteien ihre Niederlassung haben. Soll UN-Kaufrecht angewendet werden, braucht immer dann nichts vereinbart zu werden, wenn beide Parteien ihre Niederlassung in Staaten haben, die dem UN-Kaufrechtsübereinkommen beigetreten sind (Art. 1 Abs. 1 Buchst. a). Ansonsten empfiehlt es sich, das UN-Kaufrecht ausdrücklich zu vereinbaren. Sollte es aus bestimmten Gründen nicht zur Anwendung kommen sollen, muss der Ausschluss ausdrücklich festgehalten werden. Zur Rechtswahl vgl. B. I. 1, 2. a).
- Bestimmtheit des Vertrages: Als mögliche Rechtsbehelfe bei Sachmängeln kommen grundsätzlich in Frage ein Recht auf Nacherfüllung, d. h. Nachbesserung oder Nachlieferung, sowie die Minderung und der Schadensersatz, Art. 45 – 52, 74–77. Weitergehende Rechtsbehelfe wie ein Rücktritt vom Vertrag (das UN-Kaufrecht spricht hier von Vertragsaufhebung), Art. 49, 51 Abs. 2, und die Ersatz- oder Neulieferung, Art. 46 Abs. 2, kann der Käufer nur geltend machen, wenn die Vertrags-

verletzung **wesentlich** ist. Was **wesentlich** ist, regelt Art. 25, dessen Formulierung erahnen lässt, dass eine Vertragsverletzung relativ hohe Ansprüche zu erfüllen hat, um als wirklich wesentlich zu gelten. Natürlich ist die Nichtlieferung einer Ware immer eine wesentliche Vertragsverletzung. Anders sieht es jedoch bei Falsch- oder Schlechtlieferungen aus. Diese sind nicht in jedem Fall **wesentlich** im Sinne des UN-Kaufrechts. Um also Unsicherheiten zu vermeiden ist es ratsam, bereits bei der Vertragsgestaltung präzise festzulegen, welche Eigenschaften der Ware für den Käufer wesentlich sind (z. B. Material, Farbe, Abmessungen), inklusive etwaiger rechtlicher Anforderungen in Deutschland (z. B. Prüfungen und Kennzeichnungen). Daneben empfiehlt es sich, auch Zusatzleistungen des Exporteurs (z. B. Montage, Service) sowie eigene Mitwirkungspflichten (z. B. Bereitstellung eigener Mitarbeiter) vertraglich zu regeln. Das UN-Kaufrecht enthält in Art. 65 Regeln zur Spezifizierung. Je nach Art der importierten Ware und Häufigkeit des Imports kann mit dem Verkäufer auch eine Qualitätssicherungsvereinbarung getroffen werden, die die Anforderungen des Importeurs an das Produkt konkretisiert. Die Vereinbarung sollte als gesonderter Vertrag gestaltet sein und jedem Kaufvertrag als Anlage beigefügt werden. Zum System der Leistungsstörungen vgl. B. I. 2. d).

- Rechtsmängel: Für Fälle, in denen eine erworbene Ware mit Rechten oder Ansprüchen Dritter belastet ist, die dem Käufer ohne sein Wissen/Einverständnis „mit übertragen" wurden, Art. 41, gilt das gleiche Prinzip. Auch hier muss die genaue Art des Rechtsmangels bezeichnet werden. Um Unsicherheiten zu vermeiden, sollte auch hier eine Konkretisierung im Vertrag erfolgen.
- Lieferverzug: Ein solcher bestimmt sich nach Parteivereinbarung oder sinngemäß nach Art. 33. Der Verkäufer ist im Verzug, wenn er den vereinbarten Lieferzeitpunkt oder –zeitraum nicht einhält. Bei einer Fixschuld ist eine Mahnung oder Fristsetzung nicht erforderlich. Ist nichts bestimmt, kommt der Verkäufer mit der Lieferung nach Ablauf einer „angemessenen" Frist in Verzug. Zur Angemessenheit vgl. B. I. 2. d). Um hier Klarheit zu schaffen, sollte das genaue Lieferdatum unbedingt aus dem Vertrag heraus bestimmbar sein.
- Vertragsstrafe bei Lieferverzug: Je nach Verhandlungsposition des Importeurs ist es durchaus nicht unüblich, für den Fall des Lieferverzuges eine Vertragsstrafe zu vereinbaren, die neben die Ansprüche auf Erfüllung und Schadensersatz tritt. Bei Standardverträgen muss eine Haftungsobergrenze festgelegt werden. Bei Annahme der Erfüllungsleistung des Lieferanten muss der Käufer sich die Geltendmachung der Vertragsstrafe ausdrücklich vorbehalten. Die Zulässigkeit einer Vertragsstrafe ist nach dem Recht des Exportstaates zu prüfen. Vor allem Klauseln, bei denen der Strafcharakter gegenüber dem Schadensersatzcharakter überwiegt,

können kritisch sein. Dies gilt vor allem dann, wenn Vertragsstrafen außerhalb des Lieferverzugs, beispielsweise im Bereich der Gewährleistung, vereinbart werden. Soll die Vertragsstrafe nicht individuell, sondern für eine Vielzahl von Verträgen vereinbart werden, sind die AGB-Vorschriften zu beachten. Zu AGB vgl. B. I. 2. b).

Darüber hinaus können sich für den Importeur im Verlauf eines Geschäftsvorgangs Entwicklungen einstellen, die bei Abschluss des Geschäftes nicht bedacht und erst recht nicht kalkuliert waren. Sie resultieren oftmals daraus, dass nicht alle kritischen Punkte in Verträgen immer ausdrücklich angesprochen oder die Texte nicht immer präzise übersetzt werden. Auch können in Deutschland gängige Regelungsinhalte vor dem gesellschaftlichen und kulturellen Hintergrund eines ausländischen Verkäufers unscharf werden und in ihren Aussagen verschwimmen bzw. anders verstanden werden. Diese Risiken können jedoch durch eine umsichtige, den Auslandsbezug angemessen bewertende Vertrags- und AGB-Gestaltung eingegrenzt und deutlich relativiert werden. Nicht ausreichend und möglicherweise teuer kommend ist es dagegen, die eigenen, im deutschen Geschäftsverkehr bewährten Vertragsmuster lediglich zu übersetzen und dann ohne weiteres im Außenhandel einzusetzen.

Der Außenhandel unterscheidet sich nämlich nicht nur im Hinblick auf Entfernungen, Sprache und Währungsunterschieden von nationalen Geschäften. Vielmehr sind dem Außenhandel Konfliktfelder eigen, die bei Inlandsgeschäften gar nicht vorstellbar sind, bei umsichtiger Vertragsgestaltung jedoch angemessen geregelt werden können und zur Vermeidung weiterer Konsequenzen auch angesprochen werden sollten. Im Folgenden wird daher, ohne Anspruch auf Vollständigkeit, eine Übersicht gegeben über Punkte, die bei der Vertragsgestaltung besonders beachtet werden sollten:

- Vertragssprache: Der Importeur darf nicht darauf vertrauen, Deutsch als Sprache des gemeinsamen Vertrages durchzusetzen. Die im internationalen Bereich übliche Vertragssprache ist Englisch. Zwar hat Englisch den Vorteil, für den deutschen Anwender i.d.R. relativ gut verständlich und handhabbar zu sein. Es ist jedoch zu beachten, dass viele Begriffe gerade im rechtlichen Bereich nicht deckungsgleich sind und Wörter in der einen Sprache oft eine abweichende Bedeutung zur anderen Sprache haben. Dies kann zu Missverständnissen und Auslegungsproblemen führen, weshalb im Zweifel der Rat eines Experten hinzugezogen werden sollte.
- Währung: Die Währung, in der die Ware zu bezahlen ist, sollte im Vertrag vereinbart werden. Für den deutschen Importeur ist es natürlich am günstigsten, wenn der Kaufpreis in Euro vereinbart wird. Dadurch entgeht er dem Risiko von Wech-

selkursschwankungen, die sich zu seinen Ungunsten auswirken können. Dieses Risiko besteht grundsätzlich, wenn die Währung eines „Nicht-Euro-Exportstaates" oder eine Drittwährung, beispielsweise der US-Dollar, vereinbart wird. Es gibt jedoch mehrere Möglichkeiten, um Risiken auch in diesem Fall auszuschließen. Hierzu zählen die Wechselkursversicherung oder die Vereinbarung eines festgelegten Tageskurses.

- Festpreis: Bei der Vereinbarung eines Festpreises besteht immer die Gefahr, dass zum Zeitpunkt der Zahlung der vereinbarte Preis nicht mehr dem tatsächlichen entspricht. Dies ist der Fall bei unabsehbaren Preissteigerungen der Ware oder eines Vorprodukts. Durch die Vereinbarung einer Preisgleit- oder Preisanpassungsklausel kann dieses Risiko vermieden werden. In der Regel ist es der Exporteur, der ein Interesse an der Vereinbarung eines veränderlichen Preises hat, um Preissteigerungen an den Käufer weiterzugeben. Für den Importeur, der dagegen ein Interesse an Preissicherheit hat, kann ein veränderlicher Preis dennoch interessant sein, wenn abzusehen ist, dass der Preis der Ware bis zum Zeitpunkt der Zahlung gesunken sein wird.
- Zahlungs- und Lieferbedingungen: Sie sollten in jedem Fall genau im Vertrag vereinbart werden. Hinsichtlich Versandkosten und Gefahrübergang empfiehlt sich die Verwendung einer INCOTERM. Ist nichts vereinbart gilt, dass die Zahlung mit der Übergabe der Ware oder der Dokumente zu erfolgen hat, Art. 58. Zu INCOTERMS vgl. ausführlich Kapitel B. I. 3.
- Verzugszinsen: Gemäß § 288 II BGB beträgt der Verzugszinssatz im kaufmännischen Geschäftsverkehr nach deutschem Recht 8 Prozent über dem Basiszinssatz. Wenn die Zahlung nach Warenerhalt verabredet ist, sollte versucht werden, einen niedrigeren, wenigstens aber einen gleich hohen Zinssatz zu vereinbaren.
- Rügepflicht/Untersuchungspflicht: Da das UN-Kaufrecht in Art. 39 keine in Tagen festgelegte Rügefrist vorsieht, können zur Vermeidung von Streitigkeiten über die Rechtzeitigkeit einer Rüge entsprechende Untersuchungs- und Rügefristen vereinbart werden. Bei der Vereinbarung von Fristen ist jedoch zu beachten, dass die Dehnbarkeit der Bestimmungen in Art. 38 und 39 für den Käufer auch vorteilhaft sein kann, denn das Verstreichen einer vertraglich vereinbarten Frist geht in jedem Fall zu Lasten des Käufers.
- Gewährleistung: Die für den Käufer im Vergleich zum BGB teilweise ungünstigen Bestimmungen des UN-Kaufrechts hinsichtlich der Gewährleistung können durch Vertrag ausgeschlossen werden, wenn die Position des Käufers dies zulässt und das Recht der beteiligten Staaten dies erlaubt. So kann beispielsweise versucht werden, zu vereinbaren, dass der Käufer unabhängig von der Schwere der Ver-

tragsverletzung die freie Wahl zwischen Nachbesserung und Ersatzlieferung hat, wie dies auch im BGB der Fall ist. Die Verjährung der Gewährleistungsansprüche ist im UN-Kaufrecht nicht geregelt. Sie muss daher im Vertrag gesondert vereinbart werden, auch deshalb, weil sonst nach internationalem Privatrecht das Recht des Exportstaates Anwendung findet.

- Zurückbehaltungsrecht: Im Falle der Lieferung mangelhafter Ware kann es im Interesse des Importeurs sein, unabhängig von den auslegungsbedürftigen Vorschriften des UN-Kaufrechts (insbesondere Art. 71), ein Zurückbehaltungsrecht des Käufers gesondert vereinbart zu haben. So der volle Kaufpreis noch nicht entrichtet wurde, kann beispielsweise eine Klausel verabredet werden, die vorsieht, dass der Käufer einen Teil des Kaufpreises so lange zurückbehalten darf, bis für den aufgetretenen Mangel zumindest eine Lösung erzielt wurde.
- Produkthaftung: Wenn die importierte Ware in Deutschland in Verkehr gebracht wurde, richten sich die Ansprüche des „End-Käufers" für Schäden, die infolge des Produktgebrauchs aufgetreten sind, nach dem deutschen Produkthaftungsgesetz (ProdHaftG). Danach haftet neben dem Hersteller auch der Importeur für Waren, die er aus Ländern außerhalb des Europäischen Wirtschaftsraums einführt, § 4 Abs. 2 ProdHaftG. Im UN-Kaufrecht selbst ist die Produkthaftung als Regelungsbereich weitgehend ausgeschlossen, Art. 5. Es sollte daher auf jeden Fall vereinbart werden, dass der Hersteller den Importeur von Schadensersatzansprüchen freistellt, die aus der Fehlerhaftigkeit der Ware resultieren. Diese Vereinbarung gilt jedoch nur im Innenverhältnis und nicht gegenüber einem Dritten, der sich auf das ProdHaftG beruft. Der Importeur kann darüber hinaus versuchen, den Verkäufer zu verpflichten, eine Produkthaftpflichtversicherung abzuschließen und ihm die im Schadensfall entstehenden Abwicklungskosten zu ersetzen.
- Gewerbliche Schutzrechte: Der Importeur sollte versuchen, das Risiko einer Verletzung gewerblicher Schutzrechte bei Weiterlieferung der Ware in Drittländer auf den Verkäufer abzuwälzen, indem dieser ihn von Ansprüchen Dritter freistellt. Dies gibt ihm zusätzliche Rechtssicherheit, zumal die Haftung des Verkäufers in diesem Zusammenhang gemäß Art. 42 beschränkt ist.
- Schriftformklausel: Sinnvoll ist auch eine Klausel, die für Änderungen oder Ergänzungen des Vertrages die Schriftform vorschreibt.
- Höhere Gewalt: Es ist für beide Vertragsparteien ratsam, eine Klausel aufzunehmen, die die Haftung für höhere Gewalt ausschließt und als Folge ein Rücktrittsrecht einräumt („Force majeure-Klausel"). Das UN-Kaufrecht enthält in Art. 79 eine entsprechende, wenn auch nicht auf Fallbeispiele konkretisierte Bestimmung. Es kann daher im Interesse beiderseitiger Rechtssicherheit sein, eine um bestimm-

te Ereignisse (z. B. Naturkatastrophen, politische Unruhen) konkretisierte Klausel aufzunehmen.
- Abtretungsverbot: Um sicherzustellen, dass der Verkäufer auch tatsächlich Gläubiger der Forderung bleibt und der Käufer die Zahlung an den „Richtigen" leistet, kann vereinbart werden, dass der Verkäufer die Forderung an den Käufer nur mit dessen vorheriger schriftlicher Zustimmung an einen Dritten abtreten darf.
- Salvatorische Klausel: Die übliche Klausel „Sollten eine oder mehrere Klauseln dieses Vertrages unwirksam sein, bleibt der Vertrag im Übrigen wirksam" darf nicht vergessen werden.
- Gerichtsstand: Zum Gerichtsstand siehe Kapitel B.II.

Hinsichtlich der Wirksamkeit von Vertragsklauseln muss immer zusätzlich überprüft werden, ob diese nach dem jeweils geltenden nationalen Recht (des Export- oder Importstaates) zulässig sind. Gerade in Bezug auf Haftungsausschlüsse oder Gerichtsstand ist dies nicht immer der Fall.

II. Gerichtliche Durchsetzung von Ansprüchen, Schiedsvereinbarungen

Gerichtliche Auseinandersetzungen sind erfahrungsgemäß zeit- und kostenaufwendig und führen durchaus nicht immer zu dem erhofften Ergebnis. Diese Beurteilung gilt erst recht für den internationalen Rechtsverkehr. Der Importeur sollte daher alle Anstrengungen unternehmen, um durch eine geeignete Absicherung seiner Lieferansprüche sowie durch eine umsichtige Vertragsgestaltung das Risiko einer gerichtlichen Auseinandersetzung auf ein Minimum zu reduzieren und nur als ultima ratio vorzusehen.

Für gerichtliche Auseinandersetzungen sind grundsätzlich die Gerichte am Wohnsitz des jeweiligen Beklagten zuständig. Darüber hinaus sehen die in der EU geltenden Bestimmungen auch einen Gerichtsstand am Erfüllungsort vor. Allerdings ist höchst umstritten, welches bei Kaufverträgen der Erfüllungsort ist, wenn die Parteien hierzu nicht eine eindeutige Regelung vereinbart haben. Für die Praxis heißt das, dass bis zu einer klärenden Aussage des Europäischen Gerichtshofs mit dem Gerichtsstand des Erfüllungsortes eigentlich nicht operiert werden kann. Die Rechte außereuropäischer

Länder, namentlich der USA, folgen zuweilen noch anderen Prinzipien. Der Gerichtsstand des Beklagten ist jedoch im Prinzip allgemein akzeptiert.

Unternehmer vereinbaren in ihren Verträgen oder AGB gern Gerichtsstandsklauseln wie etwa **„Zuständig für Rechtsstreitigkeiten aus diesem Vertrag sind die Gerichte in Bielefeld"**. Derartige, im inländischen Geschäftsverkehr fast routinemäßig eingesetzte Formeln, empfehlen sich im Prinzip auch für den internationalen Rechtsverkehr. Allerdings sind im internationalen Rechtsverkehr zusätzliche Besonderheiten zu berücksichtigen, namentlich:

- Eine nach europäischem Recht zulässige und wirksam getroffene Gerichtsstandsklausel bindet nur die Richter in der EU. Ob und in welchem Umfang auch außereuropäische Richter derartige Gerichtsstandsklauseln akzeptieren, kann nur aus der Perspektive des jeweiligen Ziellandes entschieden werden. So gestatten beispielsweise einige arabische Staaten nicht, die Zuständigkeit der dortigen Gerichte auszuschließen und den Rechtsstreit etwa vor ein europäisches Gericht zu bringen.
- Nach dem in Europa geltenden Recht ist der Abschluss einer Gerichtsstandsklausel an relativ strenge förmliche Voraussetzungen gebunden. Als Regel gilt, dass Gerichtsstandsvereinbarungen entweder schriftlich abzufassen oder mündlich zu vereinbaren und zumindest von einer Seite schriftlich zu bestätigen sind. Wenn die Gerichtsstandsklausel in AGB niedergelegt ist, muss demzufolge dafür Sorge getragen werden, dass in schriftlicher Form auf die Geltung der AGB hingewiesen und zudem die AGB in einer für den Adressaten verständlichen Form diesem auch tatsächlich übergeben werden.
- Während im nationalen Geschäftsverkehr Gerichtsstandsklauseln üblicherweise ausschließliche Zuständigkeiten vorsehen, sollten internationale Gerichtsstandsklauseln stets auch eine Option für eine Partei vorsehen, gegebenenfalls auch die staatlichen Gerichte am Sitz der anderen Vertragspartei anrufen zu können. Da Urteile deutscher Gerichte durchaus nicht weltweit anerkannt werden (z. B. nicht in China und in Russland), kann sonst die Situation eintreten, dass aus dem deutschen Urteil im Ausland mangels dortiger Anerkennung nicht vorgegangen werden kann, andererseits einer Klage am Sitz des ausländischen Lieferanten die von dem Importeur selbst formulierte Gerichtsstandsklausel mit der ausschließlichen deutschen Gerichtszuständigkeit entgegen gehalten wird.

Eine zunehmend an Attraktivität gewinnende Alternative neben der staatlichen Gerichtsbarkeit ist die Vereinbarung eines Schiedsgerichtes, das anstelle der staatlichen

Gerichte den Rechtsstreit endgültig entscheidet. Als Argumente, die häufig für die Schiedsgerichtsbarkeit, je nach Interessenlage der Beteiligten allerdings auch gegen deren Vereinbarung sprechen können, sind etwa anzuführen:

- Die Parteien können sich ihre Richter selbst aussuchen und auf diese Weise besonders gewünschte Fach- oder Sprachkenntnisse sowie sonstige Erfahrungen berücksichtigen.
- Die Parteien haben ungleich weitergehende Möglichkeiten zur Beeinflussung des Verfahrensablaufs, als dies bei staatlichen Gerichten der Fall ist. So können die Parteien etwa auch selbst festlegen, in welcher oder in welchen Sprachen das Verfahren geführt werden soll.
- Da regelmäßig die Zuständigkeit eines bestimmten Schiedsgerichts vereinbart wird, sind Zuständigkeitskonflikte wie sie sich zwischen den Gerichten verschiedener Staaten einstellen können, ausgeschlossen. Gleiches gilt im Hinblick auf das Internationale Privatrecht und die Ermittlung des anzuwendenden materiellen Rechts.
- Schiedsgerichte bestehen überwiegend nur aus einer einzigen Instanz. Dieser Umstand kann erhebliche Kostenvorteile zur Folge haben und führt insbesondere auch zu einem schnelleren Abschluss des Verfahrens.
- Da das Schiedsgericht nicht in ein bestimmtes nationales Recht eingebunden ist, bietet sich das Schiedsverfahren als neutraler Vorschlag an, der ungleich eher konsensfähig ist als die Vereinbarung der staatlichen Gerichte des einen oder des anderen Staates.
- Schiedsgerichtsverfahren finden in aller Regel unter Ausschluss der Öffentlichkeit statt und sind vertraulich. Daraus resultiert eine Neigung zu einer höheren Vergleichsbereitschaft und generell eine Tendenz zu einer deutlich kooperativeren Zusammenarbeit als in einem kontradiktorischen, unter den Augen der Öffentlichkeit ablaufenden Gerichtsverfahren.
- Schiedssprüche werden international in deutlich weiterem Umfang anerkannt als Urteile staatlicher Gerichte (so werden z. B. – anders als Urteile staatlicher Gerichte – ausländische Schiedssprüche sehr wohl in China und in Russland anerkannt). Zudem eröffnet der so genannte „Schiedsspruch mit vereinbartem Wortlaut" die Möglichkeit, auch Vergleiche international durchzusetzen, wohingegen vor staatlichen Gerichten abgeschlossene Vergleiche außerhalb Europas praktisch gar nicht anerkannt werden.

Um ausufernde vertragliche Regelungen zur Konstituierung des Schiedsgerichts und Durchführung des Schiedsverfahrens zu vermeiden, empfiehlt es sich, ein Schiedsverfahren nach der Schiedsordnung einer der institutionalisierten Schiedsgerichte zu vereinbaren. Neben weiteren Institutionen sind in der Praxis insbesondere von Bedeutung:

- Die Schiedsgerichtsbarkeit der ICC (International Chamber of Commerce; www.iccwbo.org/index_court.asp).
- Die Schiedsgerichtsbarkeit der DIS (Deutsche Institution für Schiedsgerichtsbarkeit; www.dis-arb.de).
- Die Schiedsgerichtsbarkeit der LCIA (London Court of International Arbitration; www.lcia-arbitration.com); als besonderes Merkmal der LCIA ist herauszustellen, dass die Schiedsrichter nicht streitwertabhängig, sondern nach Maßgabe der für das Verfahren aufgewandten Zeit honoriert werden.

Die DIS empfiehlt zur Vereinbarung ihrer Schiedsordnung folgende vertragliche Absprache:

> *„Alle Streitigkeiten, die sich im Zusammenhang mit dem Vertrag (... Bezeichnung des Vertrages ...) oder über seine Gültigkeit ergeben, werden nach der Schiedsgerichtsordnung der Deutschen Institution für Schiedsgerichtsbarkeit e.V. (DIS) unter Ausschluss des ordentlichen Rechtsweges endgültig entschieden.*
>
> *Der Ort des schiedsrichterlichen Verfahrens ist ...*
>
> *Die Anzahl der Schiedsrichter beträgt ...*
>
> *Das anwendbare materielle Recht ist ...*
>
> *Die Sprache des schiedsrichterlichen Verfahrens ist ..."*

C

Zoll/Importvorschriften/
Genehmigungspflichten

Der Warenverkehr im Außenhandel ist grundsätzlich frei. Aus sicherheits- und handelspolitischen Gründen gibt es jedoch Einschränkungen. Rechtliche Basis für Importbeschränkungen ist das Außenwirtschaftsgesetz (AWG) in Verbindung mit der Außenwirtschaftsverordnung (AWV). Für bestimmte Produkte bestehen zum Beispiel Einfuhrgenehmigungspflichten. Die Vorschriften in diesem Zusammenhang richten sich insbesondere nach dem Ursprungsland einer Ware und nicht ausschließlich nach dem Lieferland. Aber auch der Warenlieferant kann Beschränkungen unterliegen. Darüber hinaus muss jede Ware für die Importabwicklung mit einer Waren- bzw. Zolltarifnummer kodiert werden.

I. Handel mit Ländern innerhalb der EU

Wareneingänge aus anderen EU-Ländern im so genannten EG-Binnenmarkt unterliegen keinen Zollformalitäten, wenn es sich um Gemeinschaftswaren handelt: EU-Ursprungswaren, in der EU verzollte Nicht-EU-Ursprungswaren. Für verbrauchssteuerpflichtige Waren (Alkohol, Mineralöl, Tabakwaren) bestehen noch Überwachungspflichten. Darüber hinaus sind steuerliche und statistische Meldepflichten (Intrastat) zu erfüllen. Eine wesentliche Voraussetzung für steuerfreie Wareneingänge aus EU-Ländern ist die Umsatzsteueridentifikationsnummer. Intrastat-Meldungen sind abzugeben, wenn alle jährlichen Wareneingänge aus anderen EU-Staaten addiert 400.000,- Euro und mehr betragen oder das Unternehmen bereits im Vorjahr meldepflichtig war.

II. Handel mit Ländern außerhalb der EU (Extrahandel)

Bei Waren, die aus Ländern außerhalb der EU importiert werden, müssen sowohl die Importbestimmungen der EU als auch die deutschen Bestimmungen beachtet werden. Im Zollbereich sind diese im Rahmen des EG-Binnenmarktes identisch. Bevor der Importeur über die Waren verfügen darf, müssen alle Zoll- und Importvorschriften inklusive der Genehmigungspflichten eingehalten worden sein.

III. Einfuhrgenehmigungspflichten

Für den Import bestimmter Waren gelten Einfuhrbeschränkungen. Betroffen sind z. B. Textilwaren, Stahlerzeugnisse und Agrarprodukte. Zuständige Genehmigungsbehörden sind das Bundesamt für Wirtschaft und Ausfuhrkontrolle (BAFA) für gewerbliche Waren und die Bundesanstalt für Landwirtschaft und Ernährung für landwirtschaftliche Produkte. Ob eine Wareneinfuhr genehmigungspflichtig ist oder nicht, kann anhand der Zolltarifnummern dem Zolltarif entnommen werden.

IV. Einfuhrvorschriften und Einfuhrabgaben

Der Importeur sollte seinen Lieferanten frühzeitig darüber informieren, welche Dokumente er für die Einfuhr benötigt, da sonst unter Umständen ein Import nicht möglich ist oder unnötig hohe Einfuhrabgaben gezahlt werden. Je nach Ware, Ursprungsland und Warenwert sind beim Import z. B. vorzulegen:

- Rechnung des ausländischen Lieferanten
- Einfuhranmeldung (ab einem Wert von 1.000,- Euro oder einem Gewicht von 1.000 kg formgebunden)
- Zollwertanmeldung D.V. 1; in der Regel abzugeben ab einem Wert von 10.000,- Euro
- Ursprungszeugnisse
- Ursprungszeugnis Form A, ausgestellt im Lieferland zur Inanspruchnahme von reduzierten Zollsätzen
- Warenverkehrsbescheinigungen EUR. 1, EUR. 2, A.TR, ausgestellt im Lieferland zur Inanspruchnahme von reduzierten Zollsätzen
- Einfuhrgenehmigungen
- Transportrechnungen, die je nach Lieferbedingung den Zollwert (D.V. 1) beeinflussen

Auf Basis der vorgenannten Dokumente werden je nach Sachverhalt folgende Einfuhrabgaben erhoben:

- Zölle: regulärer Zollsatz, reduzierter Zollsatz, Zusatzzoll (z. B. Antidumpingzoll, um die Preise für bestimmte Waren an das übliche Preisniveau anzugleichen, wenn diese im Ausfuhrland bewusst subventioniert wurden)
- Einfuhrumsatzsteuer (Regelsatz 19 %, ermäßigter Satz 7 %)
- Verbrauchsteuern für Alkohol, Tabakwaren und Mineralöl

D. Anhang

I. UN-Kaufrecht

United Nations Convention on Contracts for the International Sale of Goods

Preamble

The States Parties to this Convention,

Bearing in mind the broad objectives in the resolutions adopted by the sixth special session of the General Assembly of the United Nations on the establishment of a New International Economic Order,

Considering that the development of international trade on the basis of equality and mutual benefit is an important element in promoting friendly relations among States,

Being of the opinion that the adoption of uniform rules which govern contracts for the international sale of goods and take into account the different social, economic and legal systems would contribute to the removal of legal barriers in international trade and promote the development of international trade,

Have agreed as follows:

Übereinkommen der Vereinten Nationen über Verträge über den internationalen Warenkauf

Präambel

Die Vertragsstaaten dieses Übereinkommens

im Hinblick auf die allgemeinen Ziele der Entschließungen, die von der Sechsten Außerordentlichen Tagung der Generalversammlung der Vereinten Nationen über die Errichtung einer neuen Weltwirtschaftsordnung angenommen worden sind,

in der Erwägung, daß die Entwicklung des internationalen Handels auf der Grundlage der Gleichberechtigung und des gegenseitigen Nutzens ein wichtiges Element zur Förderung freundschaftlicher Beziehungen zwischen den Staaten ist,

in der Meinung, daß die Annahme einheitlicher Bestimmungen, die auf Verträge über den internationalen Warenkauf Anwendung finden und die verschiedenen Gesellschafts-, Wirtschafts- und Rechtsordnungen berücksichtigen, dazu beitragen würde, die rechtlichen Hindernisse im internationalen Handel zu beseitigen und seine Entwicklung zu fördern -

haben folgendes vereinbart:

Part I.
Sphere of application and general provisions

CHAPTER 1. SPHERE OF APPLICATION

Article 1

(1) This Convention applies to contracts of sale of goods between parties whose places of business are in different States:

(a) when the States are Contracting States; or

(b) when the rules of private international law lead to the application of the law of a Contracting State.

(2) The fact that the parties have their places of business in different States is to be disregarded whenever this fact does not appear either from the contract or from any dealings between, or from information disclosed by, the parties at any time before or at the conclusion of the contract.

TEIL I
Anwendungsbereich und allgemeine Bestimmungen

Kapitel I. Anwendungsbereich

Artikel 1 [Anwendungsbereich]

(1) Dieses Übereinkommen ist auf Kaufverträge über Waren zwischen Parteien anzuwenden, die ihre Niederlassung in verschiedenen Staaten haben,

a) wenn diese Staaten Vertragsstaaten sind oder

b) wenn die Regeln des internationalen Privatrechts zur Anwendung des Rechts eines Vertragsstaats führen.

(2) Die Tatsache, daß die Parteien ihre Niederlassung in verschiedenen Staaten haben, wird nicht berücksichtigt, wenn sie sich nicht aus dem Vertrag, aus früheren Geschäftsbeziehungen oder aus Verhandlungen oder Auskünften ergibt, die vor oder bei Ver-

(3) Neither the nationality of the parties nor the civil or commercial character of the parties or of the contract is to be taken into consideration in determining the application of this Convention.

tragsabschluß zwischen den Parteien geführt oder von ihnen erteilt worden sind.

(3) Bei Anwendung dieses Übereinkommens wird weder berücksichtigt, welche Staatsangehörigkeit die Parteien haben, noch ob sie Kaufleute oder Nichtkaufleute sind oder ob der Vertrag handelsrechtlicher oder bürgerlich-rechtlicher Art ist.

Article 2

This Convention does not apply to sales:

(a) of goods bought for personal, family or household use, unless the seller, at any time before or at the conclusion of the contract, neither knew nor ought to have known that the goods were bought for any such use;

(b) by auction;

(c) on execution or otherwise by authority of law;

(d) of stocks, shares, investment securities, negotiable instruments or money;

(e) of ships, vessels, hovercraft or aircraft;

(f) of electricity.

Artikel 2 [Anwendungsausschlüsse]

Dieses Übereinkommen findet keine Anwendung auf den Kauf

a) von Ware für den persönlichen Gebrauch oder den Gebrauch in der Familie oder im Haushalt, es sei denn, daß der Verkäufer vor oder bei Vertragsabschluß weder wußte noch wissen mußte, daß die Ware für einen solchen Gebrauch gekauft wurde,

b) bei Versteigerungen,

c) aufgrund von Zwangsvollstreckungs- oder anderen gerichtlichen Maßnahmen,

d) von Wertpapieren oder Zahlungsmitteln,

e) von Seeschiffen, Binnenschiffen, Luftkissenfahrzeugen oder Luftfahrzeugen,

f) von elektrischer Energie.

Article 3

(1) Contracts for the supply of goods to be manufactured or produced are to be considered sales unless the party who orders the goods undertakes to supply a substantial part of the materials necessary for such manufacture or production.

(2) This Convention does not apply to contracts in which the preponderant part of the obligations of the party who furnishes the goods consists in the supply of labour or other services.

Artikel 3 [Verträge über herzustellende Waren oder Dienstleistungen]

(1) Den Kaufverträgen stehen Verträge über die Lieferung herzustellender oder zu erzeugender Ware gleich, es sei denn, daß der Besteller einen wesentlichen Teil der für die Herstellung oder Erzeugung notwendigen Stoffe selbst zur Verfugung zu stellen hat.

(2) Dieses Übereinkommen ist auf Verträge nicht anzuwenden, bei denen der überwiegende Teil der Pflichten der Partei, welche die Ware liefert, in der Ausführung von Arbeiten oder anderen Dienstleistungen besteht.

Article 4

This Convention governs only the formation of the contract of sale and the rights and obligations of the seller and the buyer arising from such a contract. In particular, except as otherwise expressly provided in this Convention, it is not concerned with:

(a) the validity of the contract or of any of its provisions or of any usage;

Artikel 4 [Sachlicher Geltungsbereich]

Dieses Übereinkommen regelt ausschließlich den Abschluß des Kaufvertrages und die aus ihm erwachsenden Rechte und Pflichten des Verkäufers und des Käufers. Soweit in diesem Übereinkommen nicht ausdrücklich etwas anderes bestimmt ist, betrifft es insbesondere nicht

a) die Gültigkeit des Vertrages oder einzelner Vertragsbestimmungen oder die Gültigkeit von Gebräuchen,

(b) the effect which the contract may have on the property in the goods sold.

b) die Wirkungen, die der Vertrag auf das Eigentum an der verkauften Ware haben kann.

Article 5

This Convention does not apply to the liability of the seller for death or personal injury caused by the goods to any person.

Artikel 5 [Ausschluß der Haftung für Tod oder Körperverletzung]

Dieses Übereinkommen findet keine Anwendung auf die Haftung des Verkäufers für den durch die Ware verursachten Tod oder die Körperverletzung einer Person.

Article 6

The parties may exclude the application of this Convention or, subject to article 12, derogate from or vary the effect of any of its provisions.

Artikel 6 [Ausschluß, Abweichung oder Änderung durch Parteiabrede]

Die Parteien können die Anwendung dieses Übereinkommens ausschließen oder, vorbehaltlich des Artikels 12, von seinen Bestimmungen abweichen oder deren Wirkung ändern.

CHAPTER II. GENERAL PROVISIONS

Kapitel II. Allgemeine Bestimmungen

Article 7

(1) In the interpretation of this Convention, regard is to be had to its international character and to the need to promote uniformity in its application and the observance of good faith in international trade.

(2) Questions concerning matters governed by this Convention which are not expressly settled in it are to be settled in conformity with the general principles on which it is based or, in the absence of such principles, in conformity with the law applicable by virtue of the rules of private international law.

Artikel 7 [Auslegung des Übereinkommens und Lückenfüllung]

(1) Bei der Auslegung dieses Übereinkommens sind sein internationaler Charakter und die Notwendigkeit zu berücksichtigen, seine einheitliche Anwendung und die Wahrung des guten Glaubens im internationalen Handel zu fordern.

(2) Fragen, die in diesem Übereinkommen geregelte Gegenstände betreffen, aber in diesem Übereinkommen nicht ausdrücklich entschieden werden, sind nach den allgemeinen Grundsätzen, die diesem Übereinkommen zugrunde liegen, oder mangels solcher Grundsätze nach dem Recht zu entscheiden, das nach den Regeln des internationalen Privatrechts anzuwenden ist.

Article 8

(1) For the purposes of this Convention statements made by and other conduct of a party are to be interpreted according to his intent where the other party knew or could not have been unaware what that intent was.

(2) If the preceding paragraph is not applicable, statements made by and other conduct of a party are to be interpreted according to the understanding that a reasonable person of the same kind as the other party would have had in the same circumstances.

(3) In determining the intent of a party or the understanding a reasonable person would have had,

Artikel 8 [Auslegung von Erklärungen und Verhalten]

(1) Für die Zwecke dieses Übereinkommens sind Erklärungen und das sonstige Verhalten einer Partei nach deren Willen auszulegen, wenn die andere Partei diesen Willen kannte oder darüber nicht in Unkenntnis sein konnte.

(2) Ist Absatz 1 nicht anwendbar, so sind Erklärungen und das sonstige Verhalten einer Partei so auszulegen, wie eine vernünftige Person der gleichen Art wie die andere Partei sie unter den gleichen Umständen aufgefaßt hätte.

(3) Um den Willen einer Partei oder die Auffassung festzustellen, die eine vernünftige Person gehabt hätte, sind alle erheblichen Umstände zu berück-

due consideration is to be given to all relevant circumstances of the case including the negotiations, any practices which the parties have established between themselves, usages and any subsequent conduct of the parties.

sichtigen, insbesondere die Verhandlungen zwischen den Parteien, die zwischen ihnen entstandenen Gepflogenheiten, die Gebräche und das spätere Verhalten der Parteien.

Article 9

(1) The parties are bound by any usage to which they have agreed and by any practices which they have established between themselves.

(2) The parties are considered, unless otherwise agreed, to have impliedly made applicable to their contract or its formation a usage of which the parties knew or ought to have known and which in international trade is widely known to, and regularly observed by, parties to contracts of the type involved in the particular trade concerned.

Artikel 9 [Handelsbräuche und Gepflogenheiten]

(1) Die Parteien sind an die Gebräuche, mit denen sie sich einverstanden erklärt haben, und an die Gepflogenheiten gebunden, die zwischen ihnen entstanden sind.

(2) Haben die Parteien nichts anderes vereinbart, so wird angenommen, daß sie sich in ihrem Vertrag oder bei seinem Abschluß stillschweigend auf Gebräuche bezogen haben, die sie kannten oder kennen mußten und die im internationalen Handel den Parteien von Verträgen dieser Art in dem betreffenden Geschäftszweig weithin bekannt sind und von ihnen regelmäßig beachtet werden.

Article 10

For the purposes of this Convention:

(a) if a party has more than one place of business, the place of business is that which has the closest relationship to the contract and its performance, having regard to the circumstances known to or contemplated by the parties at any time before or at the conclusion of the contract;

(b) if a party does not have a place of business, reference is to be made to his habitual residence.

Artikel 10 [Niederlassung]

Für die Zwecke dieses Übereinkommens ist,

a) falls eine Partei mehr als eine Niederlassung hat, die Niederlassung maßgebend, die unter Berücksichtigung der vor oder bei Vertragsabschluß den Parteien bekannten oder von ihnen in Betracht gezogenen Umstände die engste Beziehung zu dem Vertrag und zu seiner Erfüllung hat;

b) falls eine Partei keine Niederlassung hat, ihr gewöhnlicher Aufenthalt maßgebend.

Article 11

A contract of sale need not be concluded in or evidenced by writing and is not subject to any other requirement as to form. It may be proved by any means, including witnesses.

Artikel 11 [Formfreiheit]

Der Kaufvertrag braucht nicht schriftlich geschlossen oder nachgewiesen zu werden und unterliegt auch sonst keinen Formvorschriften. Er kann auf jede Weise bewiesen werden, auch durch Zeugen.

Article 12

Any provision of article 11, article 29 or Part II of this Convention that allows a contract of sale or its modification or termination by agreement or any offer, acceptance or other indication of intention to be made in any form other than in writing does not apply where any party has his place of business in a Contracting State which has made a declaration under article 96 of this Convention. The parties may not derogate from or vary the effect of this article.

Artikel 12 [Wirkungen eines Vorbehaltes hinsichtlich der Formfreiheit]

Die Bestimmungen der Artikel 11 und 29 oder des Teils 11 dieses Übereinkommens, die für den Abschluß eines Kaufvertrages, seine Änderung oder Aufhebung durch Vereinbarung oder für ein Angebot, eine Annahme oder eine sonstige Willenserklärung eine andere als die schriftliche Form gestatten, gelten nicht, wenn eine Partei ihre Niederlassung in einem Vertragsstaat hat, der eine Erklärung nach Artikel 96 abgegeben hat. Die Parteien dürfen von dem vorliegenden Artikel weder abweichen noch seine Wirkung ändern.

Article 13

For the purposes of this Convention „writing" includes telegram and telex.

Part II. Formation of the contract

Artikel 13 [Schriftlichkeit]

Für die Zwecke dieses Übereinkommens umfaßt der Ausdruck „schriftlich" auch Mitteilungen durch Telegramm oder Fernschreiben.

Teil II. Abschluß des Vertrages

Article 14

(1) A proposal for concluding a contract addressed to one or more specific persons constitutes an offer if it is sufficiently definite and indicates the intention of the offeror to be bound in case of acceptance. A proposal is sufficiently definite if it indicates the goods and expressly or implicitly fixes or makes provision for determining the quantity and the price.

(2) A proposal other than one addressed to one or more specific persons is to be considered merely as an invitation to make offers, unless the contrary is clearly indicated by the person making the proposal.

Artikel 14 [Begriff des Angebots]

(1) Der an eine oder mehrere bestimmte Personen gerichtete Vorschlag zum Abschluß eines Vertrages stellt ein Angebot dar, wenn er bestimmt genug ist und den Willen des Anbietenden zum Ausdruck bringt, im Falle der Annahme gebunden zu sein. Ein Vorschlag ist bestimmt genug, wenn er die Ware bezeichnet und ausdrücklich oder stillschweigend die Menge und den Preis festsetzt oder deren Festsetzung ermöglicht.

(2) Ein Vorschlag, der nicht an eine oder mehrere bestimmte Personen gerichtet ist, gilt nur als Aufforderung, ein Angebot abzugeben, wenn nicht die Person, die den Vorschlag macht, das Gegenteil deutlich zum Ausdruck bringt.

Article 15

(1) An offer becomes effective when it reaches the offeree.

(2) An offer, even if it is irrevocable, may be withdrawn if the withdrawal reaches the offeree before or at the same time as the offer.

Artikel 15 [Wirksamwerden des Angebots, Rücknahme]

(1) Ein Angebot wird wirksam, sobald es dem Empfänger zugeht.

(2) Ein Angebot kann, selbst wenn es unwiderruflich ist, zurückgenommen werden, wenn die Rücknahmeerklärung dem Empfänger vor oder gleichzeitig mit dem Angebot zugeht.

Article 16

(1) Until a contract is concluded an offer may be revoked if the revocation reaches the offeree before he has dispatched an acceptance.

(2) However, an offer cannot be revoked:

(a) if it indicates, whether by stating a fixed time for acceptance or otherwise, that it is irrevocable; or

(b) if it was reasonable for the offeree to rely on the offer as being irrevocable and the offeree has acted in reliance on the offer.

Artikel 16 [Widerruf des Angebots]

(1) Bis zum Abschluß des Vertrages kann ein Angebot widerrufen werden, wenn der Widerruf dem Empfänger zugeht, bevor dieser eine Annahmeerklärung abgesandt hat.

(2) Ein Angebot kann jedoch nicht widerrufen werden,

a) wenn es durch Bestimmung einer festen Frist zur Annahme oder auf andere Weise zum Ausdruck bringt, daß es unwiderruflich ist, oder

b) wenn der Empfänger vernünftigerweise darauf vertrauen konnte, daß das Angebot unwiderruflich ist, und er im Vertrauen auf das Angebot gehandelt hat.

Article 17

An offer, even if it is irrevocable, is terminated when a rejection reaches the offeror

Artikel 17 [Erlöschen des Angebots]

Ein Angebot erlischt, selbst wenn es unwiderruflich ist, sobald dem Anbietenden eine Ablehnung zugeht.

Article 18

(1) A statement made by or other conduct of the offeree indicating assent to an offer is an acceptance. Silence or inactivity does not in itself amount to acceptance.

(2) An acceptance of an offer becomes effective at the moment the indication of assent reaches the offeror. An acceptance is not effective if the indication of assent does not reach the offeror within the time he has fixed or, if no time is fixed, within a reasonable time, due account being taken of the circumstances of the transaction, including the rapidity of the means of communication employed by the offeror. An oral offer must be accepted immediately unless the circumstances indicate otherwise.

(3) However, if, by virtue of the offer or as a result of practices which the parties have established between themselves or of usage, the offeree may indicate assent by performing an act, such as one relating to the dispatch of the goods or payment of the price, without notice to the offeror, the acceptance is effective at the moment the act is performed, provided that the act is performed within the period of time laid down in the preceding paragraph.

Artikel 18 [Begriff der Annahme]

(1) Eine Erklärung oder ein sonstiges Verhalten des Empfängers, das eine Zustimmung zum Angebot ausdrückt, stellt eine Annahme dar. Schweigen oder Untätigkeit allein stellen keine Annahme dar.

(2) Die Annahme eines Angebots wird wirksam, sobald die Äußerung der Zustimmung dem Anbietenden zugeht. Sie wird nicht wirksam, wenn die Äußerung der Zustimmung dem Anbietenden nicht innerhalb der von ihm gesetzten Frist oder, bei Fehlen einer solchen Frist, innerhalb einer angemessenen Frist zugeht; dabei sind die Umstände des Geschäfts einschließlich der Schnelligkeit der vom Anbietenden gewählten Übermittlungsart zu berücksichtigen. Ein mündliches Angebot muß sofort angenommen werden, wenn sich aus den Umständen nichts anderes ergibt.

(3) Äußert jedoch der Empfänger aufgrund des Angebots, der zwischen den Parteien entstandenen Gepflogenheiten oder der Gebräuche seine Zustimmung dadurch, daß er eine Handlung vornimmt, die sich zum Beispiel auf die Absendung der Ware oder die Zahlung des Preises bezieht, ohne den Anbietenden davon zu unterrichten, so ist die Annahme zum Zeitpunkt der Handlung wirksam, sofern diese innerhalb der in Absatz 2 vorgeschriebenen Frist vorgenommen wird.

Article 19

(1) A reply to an offer which purports to be an acceptance but contains additions, limitations or other modifications is a rejection of the offer and constitutes a counteroffer.

(2) However, a reply to an offer which purports to be an acceptance but contains additional or different terms which do not materially alter the terms of the offer constitutes an acceptance, unless the offeror, without undue delay, objects orally to the discrepancy or dispatches a notice to that effect. If he does not so object, the terms of the contract are the terms of the offer with the modifications contained in the acceptance.

(3) Additional or different terms relating, among other things, to the price, payment, quality and quantity of the goods, place and time of delivery, extent of one party's liability to the other or the settlement of disputes are considered to alter the terms of the offer materially.

Artikel 19 [Ergänzungen, Einschränkungen und sonstige Änderungen zum Angebot]

(1) Eine Antwort auf ein Angebot, die eine Annahme darstellen soll, aber Ergänzungen, Einschränkungen oder sonstige Änderungen enthält, ist eine Ablehnung des Angebots und stellt ein Gegenangebot dar.

(2) Eine Antwort auf ein Angebot, die eine Annahme darstellen soll, aber Ergänzungen oder Abweichungen enthält, welche die Bedingungen des Angebots nicht wesentlich ändern, stellt jedoch eine Annahme dar, wenn der Anbietende das Fehlen der Übereinstimmung nicht unverzüglich mündlich beanstandet oder eine entsprechende Mitteilung absendet. Unterläßt er dies, so bilden die Bedingungen des Angebots mit den in der Annahme enthaltenen Änderungen den Vertragsinhalt.

(3) Ergänzungen oder Abweichungen, die sich insbesondere auf Preis, Bezahlung, Qualität und Menge der Ware, auf Ort und Zeit der Lieferung, auf den Umfang der Haftung der einen Partei gegenüber der anderen oder auf die Beilegung von Streitigkeiten

beziehen, werden so angesehen, als änderten sie die Bedingungen des Angebots wesentlich.

Article 20

(1) A period of time of acceptance fixed by the offeror in a telegram or a letter begins to run from the moment the telegram is handed in for dispatch or from the date shown on the letter or, if no such date is shown, from the date shown on the envelope. A period of time for acceptance fixed by the offeror by telephone, telex or other means of instantaneous communication, begins to run from the moment that the offer reaches the offeree.

(2) Official holidays or non-business days occurring during the period for acceptance are included in calculating the period. However, if a notice of acceptance cannot be delivered at the address of the offeror on the last day of the period because that day falls on an official holiday or a non-business day at the place of business of the offeror, the period is extended until the first business day which follows.

Artikel 20 [Annahmefrist]

(1) Eine vom Anbietenden in einem Telegramm oder einem Brief gesetzte Frist beginnt mit Aufgabe des Telegramms oder mit dem im Brief angegebenen Datum oder, wenn kein Datum angegeben ist, mit dem auf dem Umschlag angegebenen Datum zu laufen. Eine vom Anbietenden telefonisch, durch Fernschreiben oder eine andere sofortige Übermittlungsart gesetzte Annahmefrist beginnt zu laufen, sobald das Angebot dem Empfänger zugeht.

(2) Gesetzliche Feiertage oder arbeitsfreie Tage, die in die Laufzeit der Annahmefrist fallen, werden bei der Fristberechnung mitgezählt. Kann jedoch die Mitteilung der Annahme am letzten Tag der Frist nicht an die Anschrift des Anbietenden zugestellt werden, weil dieser Tag am Ort der Niederlassung des Anbietenden auf einen gesetzlichen Feiertag oder arbeitsfreien Tag fällt, so verlängert sich die Frist bis zum ersten darauf folgenden Arbeitstag.

Article 21

(1) A late acceptance is nevertheless effective as an acceptance if without delay the offeror orally so informs the offeree or dispatches a notice to that effect.

(2) If a letter or other writing containing a late acceptance shows that it has been sent in such circumstances that if its transmission had been normal it would have reached the offeror in due time, the late acceptance is effective as an acceptance unless, without delay, the offeror orally informs the offeree that he considers his offer as having lapsed or dispatches a notice to that effect.

Artikel 21 [Verspätete Annahme]

(1) Eine verspätete Annahme ist dennoch als Annahme wirksam, wenn der Anbietende unverzüglich den Annehmenden in diesem Sinne mündlich unterrichtet oder eine entsprechende schriftliche Mitteilung absendet.

(2) Ergibt sich aus dem eine verspätete Annahme enthaltenden Brief oder anderen Schriftstück, daß die Mitteilung nach den Umständen, unter denen sie abgesandt worden ist, bei normaler Beförderung dem Anbietenden rechtzeitig zugegangen wäre, so ist die verspätete Annahme als Annahme wirksam, wenn der Anbietende nicht unverzüglich den Annehmenden mündlich davon unterrichtet, daß er sein Angebot als erloschen betrachtet, oder eine entsprechende schriftliche Mitteilung absendet.

Article 22

An acceptance may be withdrawn if the withdrawal reaches the offeror before or at the same time as the acceptance would have become effective.

Artikel 22 [Rücknahme der Annahme]

Eine Annahme kann zurückgenommen werden, wenn die Rücknahmeerklärung dem Anbietenden vor oder in dem Zeitpunkt zugeht, in dem die Annahme wirksam geworden wäre.

Article 23

A contract is concluded at the moment when an acceptance of an offer becomes effective in accordance with the provisions of this Convention.

Artikel 23 [Zeitpunkt des Vertragsschlusses]

Ein Vertrag ist in dem Zeitpunkt geschlossen, in dem die Annahme eines Angebots nach diesem Übereinkommen wirksam wird.

Article 24

For the purposes of this Part of the Convention, an offer, declaration of acceptance or any other indication of intention „reaches" the addressee when it is made orally to him or delivered by any other means to him personally, to his place of business or mailing address or, if he does not have a place of business or mailing address, to his habitual residence.

Artikel 24 [Begriff des Zugangs]

Für die Zwecke dieses Teils des Übereinkommens „geht" ein Angebot, eine Annahmeerklärung oder sonstige Willenserklärung dem Empfanger „zu", wenn sie ihm mündlich gemacht wird oder wenn sie auf anderem Weg ihm persönlich, an seiner Niederlassung oder Postanschrift oder, wenn diese fehlen, an seinem gewöhnlichen Aufenthaltsort zugestellt wird.

Part III. Sale of goods

Teil III. Warenkauf

CHAPTER I. GENERAL PROVISIONS

Kapitel I. Allgemeine Bestimmungen

Article 25

A breach of contract committed by one of the parties is fundamental if it results in such detriment to the other party as substantially to deprive him of what he is entitled to expect under the contract, unless the party in breach did not foresee and a reasonable person of the same kind in the same circumstances would not have foreseen such a result.

Artikel 25 [Wesentliche Vertragsverletzung]

Eine von einer Partei begangene Vertragsverletzung ist wesentlich, wenn sie für die andere Partei solchen Nachteil zur Folge hat, daß ihr im wesentlichen entgeht, was sie nach dem Vertrag hätte erwarten dürfen, es sei denn, daß die vertragsbrüchige Partei diese Folge nicht vorausgesehen hat und eine vernünftige Person der gleichen Art diese Folge unter den gleichen Umständen auch nicht vorausgesehen hätte.

Article 26

A declaration of avoidance of the contract is effective only if made by notice to the other party.

Artikel 26 [Aufhebungserklärung]

Eine Erklärung, daß der Vertrag aufgehoben wird, ist nur wirksam, wenn sie der anderen Partei mitgeteilt wird.

Article 27

Unless otherwise expressly provided in this Part of the Convention, if any notice, request or other communication is given or made by a party in accordance with this Part and by means appropriate in the circumstances, a delay or error in the transmission of the communication or its failure to arrive does not deprive that party of the right to rely on the communication.

Artikel 27 [Absendetheorie]

Soweit in diesem Teil des Übereinkommens nicht ausdrücklich etwas anderes bestimmt wird, nimmt bei einer Anzeige, Aufforderung oder sonstigen Mitteilung, die eine Partei gemäß diesem Teil mit den nach den Umständen geeigneten Mitteln macht, eine Verzögerung oder ein Irrtum bei der Übermittlung der Mitteilung oder deren Nichteintreffen dieser Partei nicht das Recht, sich auf die Mitteilung zu berufen.

Article 28

If, in accordance with the provisions of this Convention, one party is entitled to require performance of any obligation by the other party, a court is not bound to enter a judgement for specific performance unless the court would do so under its own law in respect of similar contracts of sale not governed by this Convention.

Artikel 28 [Erfüllungsanspruch]

Ist eine Partei nach diesem Übereinkommen berechtigt, von der anderen Partei die Erfüllung einer Verpflichtung zu verlangen, so braucht ein Gericht eine Entscheidung auf Erfüllung in Natur nur zu fällen, wenn es dies auch nach seinem eigenen Recht bei gleichartigen Kaufverträgen täte, die nicht unter dieses Übereinkommen fallen.

Article 29

(1) A contract may be modified or terminated by the mere agreement of the parties.

(2) A contract in writing which contains a provision requiring any modification or termination by agreement to be in writing may not be otherwise modified or terminated by agreement. However, a party may be precluded by his conduct from asserting such a provision to the extent that the other party has relied on that conduct.

Artikel 29 [Vertragsänderung oder -aufhebung]

(1) Ein Vertrag kann durch bloße Vereinbarung der Parteien geändert oder aufgehoben werden.

(2) Enthält ein schriftlicher Vertrag eine Bestimmung, wonach jede Änderung oder Aufhebung durch Vereinbarung schriftlich zu erfolgen hat, so darf er nicht auf andere Weise geändert oder aufgehoben werden. Eine Partei kann jedoch aufgrund ihres Verhaltens davon ausgeschlossen sein, sich auf eine solche Bestimmung zu berufen, soweit die andere Partei sich auf dieses Verhalten verlassen hat.

CHAPTER II. OBLIGATIONS OF THE SELLER

Article 30

The seller must deliver the goods, hand over any documents relating to them and transfer the property in the goods, as required by the contract and this Convention.

Kapitel II. Pflichten des Verkäufers

Artikel 30 [Pflichten des Verkäufers]

Der Verkäufer ist nach Maßgabe des Vertrages und dieses Übereinkommens verpflichtet, die Ware zu liefern, die sie betreffenden Dokumente zu übergeben und das Eigentum an der Ware zu übertragen.

Section I. Delivery of the goods and handing over of documents

Article 31

If the seller is not bound to deliver the goods at any other particular place, his obligation to deliver consists:

(a) if the contract of sale involves carriage of the goods—in handing the goods over to the first carrier for transmission to the buyer;

(b) if, in cases not within the preceding subparagraph, the contract relates to specific goods, or unidentified goods to be drawn from a specific stock or to be manufactured or produced, and at the time of the conclusion of the contract the parties knew that the goods were at, or were to be manufactured or produced at, a particular place—in placing the goods at the buyer's disposal at that place;

(c) in other cases—in placing the goods at the buyer's disposal at the place where the seller had his place of business at the time of the conclusion of the contract.

Abschnitt I. Lieferung der Ware und Übergabe der Dokumente

Artikel 31 [Inhalt der Lieferpflicht und Ort der Lieferung]

Hat der Verkäufer die Ware nicht an einem anderen bestimmten Ort zu liefern, so besteht seine Lieferpflicht in folgendem:

a) Erfordert der Kaufvertrag eine Beförderung der Ware, so hat sie der Verkäufer dem ersten Beförderer zur Übermittlung an den Käufer zu übergeben;

b) bezieht sich der Vertrag in Fällen, die nicht unter Buchstabe a fallen, auf bestimmte Ware oder auf gattungsmäßig bezeichnete Ware, die aus einem bestimmten Bestand zu entnehmen ist, oder auf herzustellende oder zu erzeugende Ware und wußten die Parteien bei Vertragsabschluß, daß die Ware sich an einem bestimmten Ort befand oder dort herzustellen oder zu erzeugen war, so hat der Verkäufer die Ware dem Käufer an diesem Ort zur Verfügung zu stellen;

c) in den anderen Fällen hat der Verkäufer die Ware dem Käufer an dem Ort zur Verfügung zu stellen. an dem der Verkäufer bei Vertragsabschluß seine Niederlassung hatte.

Article 32

(1) If the seller, in accordance with the contract or this Convention, hands the goods over to a carrier and if the goods are not dearly identified to the contract by markings on the goods, by shipping documents or otherwise, the seller must give the buyer notice of the consignment specifying the goods.

(2) If the seller is bound to arrange for carriage of the goods, he must make such contracts as are necessary for carriage to the place fixed by means of transportation appropriate in the circumstances and according to the usual terms for such transportation.

(3) If the seller is not bound to effect insurance in respect of the carriage of the goods, he must, at the buyer's request, provide him with all available information necessary to enable him to effect such insurance.

Artikel 32 [Verpflichtungen hinsichtlich der Beförderung der Ware]

(1) Übergibt der Verkäufer nach dem Vertrag oder diesem Übereinkommen die Ware einem Beförderer und ist die Ware nicht deutlich durch daran angebrachte Kennzeichen oder durch Beförderungsdokumente oder auf andere Weise dem Vertrag zugeordnet, so hat der Verkäufer dem Käufer die Versendung anzuzeigen und dabei die Ware im einzelnen zu bezeichnen.

(2) Hat der Verkäufer für die Beförderung der Ware zu sorgen, so hat er die Verträge zu schließen, die zur Beförderung an den festgesetzten Ort mit den nach den Umständen angemessenen Beförderungsmitteln und zu den für solche Beförderungen üblichen Bedingungen erforderlich sind.

(3) Ist der Verkäufer nicht zum Abschluß einer Transportversicherung verpflichtet, so hat er dem Käufer auf dessen Verlangen alle ihm verfügbaren, zum Abschluß einer solchen Versicherung erforderlichen Auskünfte zu erteilen.

Article 33

The seller must deliver the goods:

(a) if a date is fixed by or determinable from the contract, on that date;

(b) if a period of time is fixed by or determinable from the contract, at any time within that period unless circumstances indicate that the buyer is to choose a date; or

(c) in any other case, within a reasonable time after the conclusion of the contract.

Artikel 33 [Zeit der Lieferung]

Der Verkäufer hat die Ware zu liefern,

a) wenn ein Zeitpunkt im Vertrag bestimmt ist oder aufgrund des Vertrages bestimmt werden kann, zu diesem Zeitpunkt,

b) wenn ein Zeitraum im Vertrag bestimmt ist oder aufgrund des Vertrages bestimmt werden kann, jederzeit innerhalb dieses Zeitraums, sofern sich nicht aus den Umständen ergibt, daß der Käufer den Zeitpunkt zu wählen hat, oder

c) in allen anderen Fällen innerhalb einer angemessenen Frist nach Vertragsabschluß.

Article 34

If the seller is bound to hand over documents relating to the goods, he must hand them over at the time and place and in the form required by the contract. If the seller has handed over documents before that time, he may, up to that time, cure any lack of conformity in the documents, if the exercise of this right does not cause the buyer unreasonable inconvenience or unreasonable expense. However, the buyer retains any right to claim damages as provided for in this Convention.

Artikel 34 [Übergabe von Dokumenten]

Hat der Verkäufer Dokumente zu übergeben, die sich auf die Ware beziehen, so hat er sie zu dem Zeitpunkt, an dem Ort und in der Form zu übergeben, die im Vertrag vorgesehen sind. Hat der Verkäufer die Dokumente bereits vorher übergeben, so kann er bis zu dem für die Übergabe vorgesehenen Zeitpunkt jede Vertragswidrigkeit der Dokumente beheben, wenn die Ausübung dieses Rechts dem Käufer nicht unzumutbare Unannehmlichkeiten oder unverhältnismäßige Kosten verursacht. Der Käufer behält jedoch das Recht, Schadenersatz nach diesem Übereinkommen zu verlangen.

Section II. Conformity of the goods and third party claims

Article 35

(1) The seller must deliver goods which are of the quantity, quality and description required by the contract and which are contained or packaged in the manner required by the contract.

(2) Except where the parties have agreed otherwise, the goods do not conform with the contract unless they:

(a) are fit for the purposes for which goods of the same description would ordinarily be used;

(b) are fit for any particular purpose expressly or impliedly made known to the seller at the time of the conclusion of the contract, except where the circumstances show that the buyer did not rely, or that it was unreasonable for him to rely, on the seller's skill and judgement;

(c) possess the qualities of goods which the seller has held out to the buyer as a sample or model;

(d) are contained or packaged in the manner usual for such goods or, where there is no such manner, in a manner adequate to preserve and protect the goods.

(3) The seller is not liable under subparagraphs (a) to (d) of the preceding paragraph for any lack of conformity of the goods if at the time of the conclusion of the contract the buyer knew or could not have been unaware of such lack of conformity.

Article 36

(1) The seller is liable in accordance with the contract and this Convention for any lack of conformity which exists at the time when the risk passes to the buyer, even though the lack of conformity becomes apparent only after that time.

(2) The seller is also liable for any lack of conformity which occurs after the time indicated in the preceding paragraph and which is due to a breach of any of his obligations, including a breach of any guarantee that for a period of time the goods will remain fit for their ordinary purpose or for some particular purpose or will retain specified qualities or characteristics.

Abschnitt II. Vertragsmäßigkeit der Ware sowie Rechte oder Ansprüche Dritter

Artikel 35 [Vertragsmäßigkeit der Ware]

(1) Der Verkäufer hat Ware zu liefern, die in Menge, Qualität und Art sowie hinsichtlich Verpackung oder Behältnis den Anforderungen des Vertrages entspricht.

(2) Haben die Parteien nichts anderes vereinbart, so entspricht die Ware dem Vertrag nur,

a) wenn sie sich für die Zwecke eignet, für die Ware der gleichen Art gewöhnlich gebraucht wird;

b) wenn sie sich für einen bestimmten Zweck eignet, der dem Verkäufer bei Vertragsabschluß ausdrücklich oder auf andere Weise zur Kenntnis gebracht wurde, sofern sich nicht aus den Umständen ergibt, daß der Käufer auf die Sachkenntnis und das Urteilsvermögen des Verkäufers nicht vertraute oder vernünftigerweise nicht vertrauen konnte;

c) wenn sie die Eigenschaften einer Ware besitzt, die der Verkäufer dem Käufer als Probe oder Muster vorgelegt hat;

d) wenn sie in der für Ware dieser Art üblichen Weise oder, falls es eine solche Weise nicht gibt, in einer für die Erhaltung und den Schutz der Ware angemessenen Weise verpackt ist.

(3) Der Verkäufer haftet nach Absatz 2 Buchstaben a bis d nicht für eine Vertragswidrigkeit der Ware, wenn der Käufer bei Vertragsabschluß diese Vertragswidrigkeit kannte oder darüber nicht in Unkenntnis sein konnte.

Artikel 36 [Maßgeblicher Zeitpunkt für die Vertragsmäßigkeit]

(1) Der Verkäufer haftet nach dem Vertrag und diesem Übereinkommen für eine Vertragswidrigkeit, die im Zeitpunkt des Übergangs der Gefahr auf den Käufer besteht, auch wenn die Vertragswidrigkeit erst nach diesem Zeitpunkt offenbar wird.

(2) Der Verkäufer haftet auch für eine Vertragswidrigkeit, die nach dem in Absatz l angegebenen Zeitpunkt eintritt und auf die Verletzung einer seiner Pflichten zurückzuführen ist, einschließlich der Verletzung einer Garantie dafür, daß die Ware für eine bestimmte Zeit für den üblichen Zweck oder für einen bestimmten Zweck geeignet bleiben oder besondere Eigenschaften oder Merkmale behalten wird.

Article 37

If the seller has delivered goods before the date for delivery, he may, up to that date, deliver any missing part or make up any deficiency in the quantity of the goods delivered, or deliver goods in replacement of any non-conforming goods delivered or remedy any lack of conformity in the goods delivered, provided that the exercise of this right does not cause the buyer unreasonable inconvenience or unreasonable expense. However, the buyer retains any right to claim damages as provided for in this Convention.

Artikel 37 [Nacherfüllung bei vorzeitiger Lieferung]

Bei vorzeitiger Lieferung der Ware behält der Verkäufer bis zu dem für die Lieferung festgesetzten Zeitpunkt das Recht, fehlende Teile nachzuliefern, eine fehlende Menge auszugleichen, für nicht vertragsgemäße Ware Ersatz zu liefern oder die Vertragswidrigkeit der gelieferten Ware zu beheben, wenn die Ausübung dieses Rechts dem Käufer nicht unzumutbare Unannehmlichkeiten oder unverhältnismäßige Kosten verursacht. Der Käufer behält jedoch das Recht, Schadenersatz nach diesem Übereinkommen zu verlangen.

Article 38

(1) The buyer must examine the goods, or cause them to be examined, within as short a period as is practicable in the circumstances.

(2) If the contract involves carriage of the goods, examination may be deferred until after the goods have arrived at their destination.

(3) If the goods are redirected in transit or redispatched by the buyer without a reasonable opportunity for examination by him and at the time of the conclusion of the contract the seller knew or ought to have known of the possibility of such redirection or redispatch, examination may be deferred until after the goods have arrived at the new destination.

Artikel 38 [Untersuchung der Ware]

(1) Der Käufer hat die Ware innerhalb einer so kurzen Frist zu untersuchen oder untersuchen zu lassen, wie es die Umstände erlauben.

(2) Erfordert der Vertrag eine Beförderung der Ware, so kann die Untersuchung bis nach dem Eintreffen der Ware am Bestimmungsort aufgeschoben werden.

(3) Wird die Ware vom Käufer umgeleitet oder von ihm weiterversandt, ohne daß er ausreichend Gelegenheit hatte, sie zu untersuchen, und kannte der Verkäufer bei Vertragsabschluß die Möglichkeit einer solchen Umleitung oder Weiterversendung oder mußte er sie kennen, so kann die Untersuchung bis nach dem Eintreffen der Ware an ihrem neuen Bestimmungsort aufgeschoben werden.

Article 39

(1) The buyer loses the right to rely on a lack of conformity of the goods if he does not give notice to the seller specifying the nature of the lack of conformity within a reasonable time after he has discovered it or ought to have discovered it.

(2) In any event, the buyer loses the right to rely on a lack of conformity of the goods if he does not give the seller notice thereof at the latest within a period of two years from the date on which the goods were actually handed over to the buyer, unless this time-limit is inconsistent with a contractual period of guarantee.

Artikel 39 [Mängelrüge]

(1) Der Käufer verliert das Recht, sich auf eine Vertragswidrigkeit der Ware zu berufen, wenn er sie dem Verkäufer nicht innerhalb einer angemessenen Frist nach dem Zeitpunkt, in dem er sie festgestellt hat oder hätte feststellen müssen, anzeigt und dabei die Art der Vertragswidrigkeit genau bezeichnet.

(2) Der Käufer verliert in jedem Fall das Recht, sich auf die Vertragswidrigkeit der Ware zu berufen, wenn er sie nicht spätestens innerhalb von zwei Jahren, nachdem ihm die Ware tatsächlich übergeben worden ist, dem Verkäufer anzeigt, es sei denn, daß diese Frist mit einer vertraglichen Garantiefrist unvereinbar ist.

Article 40

The seller is not entitled to rely on the provisions of articles 38 and 39 if the lack of conformity relates to facts of which he knew or could not have been

Artikel 40 [Bösgläubigkeit des Verkäufers]

Der Verkäufer kann sich auf die Artikel 38 und 39 nicht berufen, wenn die Vertragswidrigkeit auf Tatsachen beruht, die er kannte oder über die er nicht

unaware and which he did not disclose to the buyer.

Article 41

The seller must deliver goods which are free from any right or claim of a third party, unless the buyer agreed to take the goods subject to that right or claim. However, if such right or claim is based on industrial property or other intellectual property, the seller's obligation is governed by article 42.

Article 42

(1) The seller must deliver goods which are free from any right or claim of a third party based on industrial property or other intellectual property, of which at the time of the conclusion of the contract the seller knew or could not have been unaware, provided that the right or claim is based on industrial property or other intellectual property:

(a) under the law of the State where the goods will be resold or otherwise used, if it was contemplated by the parties at the time of the conclusion of the contract that the goods would be resold or otherwise used in that State; or

(b) in any other case, under the law of the State where the buyer has his place of business.

(2) The obligation of the seller under the preceding paragraph does not extend to cases where:

(a) at the time of the conclusion of the contract the buyer knew or could not have been unaware of the right or claim; or

(b) the right or claim results from the seller's compliance with technical drawings, designs, formulae or other such specifications furnished by the buyer.

Article 43

(1) The buyer loses the right to rely on the provisions of article 41 or article 42 if he does not give notice to the seller specifying the nature of the right or claim of the third party within a reasonable time after he has become aware or ought to have become aware of the right or claim.

(2) The seller is not entitled to rely on the provisions of the preceding paragraph if he knew of the right or claim of the third party and the nature of it.

in Unkenntnis sein konnte und die er dem Käufer nicht offenbart hat.

Artikel 41 [Rechtsmängel]

Der Verkäufer hat Ware zu liefern, die frei von Rechten oder Ansprüchen Dritter ist, es sei denn, daß der Käufer eingewilligt hat, die mit einem solchen Recht oder Anspruch behaftete Ware zu nehmen. Beruhen jedoch solche Rechte oder Ansprüche auf gewerblichem oder anderem geistigen Eigentum, so regelt Artikel 42 die Verpflichtung des Verkäufers.

Artikel 42 [Belastung mit Schutzrechten Dritter]

(1) Der Verkäufer hat Ware zu liefern, die frei von Rechten oder Ansprüchen Dritter ist die auf gewerblichem oder anderem geistigen Eigentum beruhen und die der Verkäufer bei Vertragsabschluß kannte oder über die er nicht in Unkenntnis sein konnte, vorausgesetzt, das Recht oder der Anspruch beruht auf gewerblichem oder anderem geistigen Eigentum

a) nach dem Recht des Staates, in dem die Ware weiterverkauft oder in dem sie in anderer Weise verwendet wird, wenn die Parteien bei Vertragsabschluß in Betracht gezogen haben, daß die Ware dort weiterverkauft oder verwendet werden wird, oder

b) in jedem anderen Falle nach dem Recht des Staates, in dem der Käufer seine Niederlassung hat.

(2) Die Verpflichtung des Verkäufers nach Absatz 1 erstreckt sich nicht auf Fälle,

a) in denen der Käufer im Zeitpunkt des Vertragsabschlusses das Recht oder den Anspruch kannte oder darüber nicht in Unkenntnis sein konnte, oder

b) in denen das Recht oder der Anspruch sich daraus ergibt, daß der Verkäufer sich nach technischen Zeichnungen, Entwürfen, Formeln oder sonstigen Angaben gerichtet hat, die der Käufer zur Verfügung gestellt hat.

Artikel 43 [Rügepflicht]

(1) Der Käufer kann sich auf Artikel 41 oder 42 nicht berufen, wenn er dem Verkäufer das Recht oder den Anspruch des Dritten nicht innerhalb einer angemessenen Frist nach dem Zeitpunkt, in dem er davon Kenntnis erlangt hat oder hätte erlangen müssen, anzeigt und dabei genau bezeichnet, welcher Art das Recht oder der Anspruch des Dritten ist.

(2) Der Verkäufer kann sich nicht auf Absatz 1 berufen, wenn er das Recht oder den Anspruch des Dritten und seine Art kannte.

Article 44

Notwithstanding the provisions of paragraph (1) of article 39 and paragraph (1) of article 43, the buyer may reduce the price in accordance with article 50 or claim damages, except for loss of profit, if he has a reasonable excuse for his failure to give the required notice.

Section III. Remedies for breach of contract by the seller

Article 45

(1) If the seller fails to perform any of his obligations under the contract or this Convention, the buyer may:

(a) exercise the rights provided in articles 46 to 52;

(b) claim damages as provided in articles 74 to 77.

(2) The buyer is not deprived of any right he may have to claim damages by exercising his right to other remedies.

(3) No period of grace may be granted to the seller by a court or arbitral tribunal when the buyer resorts to a remedy for breach of contract.

Article 46

(1) The buyer may require performance by the seller of his obligations unless the buyer has resorted to a remedy which is inconsistent with this requirement.

(2) If the goods do not conform with the contract, the buyer may require delivery of substitute goods only if the lack of conformity constitutes a fundamental breach of contract and a request for substitute goods is made either in conjunction with notice given under article 39 or within a reasonable time thereafter.

(3) If the goods do not conform with the contract, the buyer may require the seller to remedy the lack of conformity by repair, unless this is unreasonable having regard to all the circumstances. A request for repair must be made either in conjunction with notice given under article 39 or within a reasonable time thereafter.

Artikel 44 [Entschuldigung für unterlassene Anzeige]

Ungeachtet des Artikels 39 Absatz 1 und des Artikels 43 Absatz I kann der Käufer den Preis nach Artikel 50 herabsetzen oder Schadenersatz, außer für entgangenen Gewinn, verlangen, wenn er eine vernünftige Entschuldigung dafur hat, daß er die erforderliche Anzeige unterlassen hat.

Abschnitt III. Rechtsbehelfe des Käufers wegen Vertragsverletzung durch den Verkäufer

Artikel 45 [Rechtsbehelfe des Käufers; keine zusätzliche Frist]

(1) Erfüllt der Verkäufer eine seiner Pflichten nach dem Vertrag oder diesem Übereinkommen nicht, so kann der Käufer

a) die in Artikel 46 bis 52 vorgesehenen Rechte ausüben;

b) Schadenersatz nach Artikel 74 bis 77 verlangen.

(2) Der Käufer verliert das Recht, Schadenersatz zu verlangen, nicht dadurch, daß er andere Rechtsbehelfe ausübt.

(3) Übt der Käufer einen Rechtsbehelf wegen Vertragsverletzung aus, so darf ein Gericht oder Schiedsgericht dem Verkäufer keine zusätzliche Frist gewähren.

Artikel 46 [Recht des Käufers auf Erfüllung oder Nacherfüllung]

(1) Der Käufer kann vom Verkäufer Erfüllung seiner Pflichten verlangen, es sei denn, daß der Käufer einen Rechtsbehelf ausgeübt hat, der mit diesem Verlangen unvereinbar ist.

(2) Ist die Ware nicht vertragsgemäß, so kann der Käufer Ersatzlieferung nur verlangen, wenn die Vertragswidrigkeit eine wesentliche Vertragsverletzung darstellt und die Ersatzlieferung entweder zusammen mit einer Anzeige nach Artikel 39 oder innerhalb einer angemessenen Frist danach verlangt wird.

(3) Ist die Ware nicht vertragsgemäß, so kann der Käufer den Verkäufer auffordern, die Vertragswidrigkeit durch Nachbesserung zu beheben, es sei denn, daß dies unter Berücksichtigung aller Umstände unzumutbar ist. Nachbesserung muß entweder zusammen mit einer Anzeige nach Artikel 39 oder innerhalb einer angemessenen Frist danach verlangt werden.

Article 47

(1) The buyer may fix an additional period of time of reasonable length for performance by the seller of his obligations.

(2) Unless the buyer has received notice from the seller that he will not perform within the period so fixed, the buyer may not, during that period, resort to any remedy for breach of contract. However, the buyer is not deprived thereby of any right he may have to claim damages for delay in performance.

Artikel 47 [Nachfrist]

(1) Der Käufer kann dem Verkäufer eine angemessene Nachfrist zur Erfüllung seiner Pflichten setzen.

(2) Der Käufer kann vor Ablauf dieser Frist keinen Rechtsbehelf wegen Vertragsverletzung ausüben, außer wenn er vom Verkäufer die Anzeige erhalten hat, daß dieser seine Pflichten nicht innerhalb der so gesetzten Frist erfüllen wird. Der Käufer behält jedoch das Recht, Schadenersatz wegen verspäteter Erfüllung zu verlangen.

Article 48

(1) Subject to article 49, the seller may, even after the date for delivery, remedy at his own expense any failure to perform his obligations, if he can do so without unreasonable delay and without causing the buyer unreasonable inconvenience or uncertainty of reimbursement by the seller of expenses advanced by the buyer. However, the buyer retains any right to claim damages as provided for in this Convention.

(2) If the seller requests the buyer to make known whether he will accept performance and the buyer does not comply with the request within a reasonable time, the seller may perform within the time indicated in his request. The buyer may not, during that period of time, resort to any remedy which is inconsistent with performance by the seller.

(3) A notice by the seller that he will perform within a specified period of time is assumed to include a request, under the preceding paragraph, that the buyer make known his decision.

(4) A request or notice by the seller under paragraph (2) or (3) of this article is not effective unless received by the buyer.

Artikel 48 [Recht des Verkäufers zur Nacherfüllung]

(1) Vorbehaltlich des Artikels 49 kann der Verkäufer einen Mangel in der Erfüllung seiner Pflichten auch nach dem Liefertermin auf eigene Kosten beheben, wenn dies keine unzumutbare Verzögerung nach sich zieht und dem Käufer weder unzumutbare Unannehmlichkeiten noch Ungewißheit über die Erstattung seiner Auslagen durch den Verkäufer verursacht. Der Käufer behält jedoch das Recht, Schadenersatz nach diesem Übereinkommen zu verlangen.

(2) Fordert der Verkäufer den Käufer auf, ihm mitzuteilen, ob er die Erfüllung annehmen will, und entspricht der Käufer der Aufforderung nicht innerhalb einer angemessenen Frist, so kann der Verkäufer innerhalb der in seiner Aufforderung angegebenen Frist erfüllen. Der Käufer kann vor Ablauf dieser Frist keinen Rechtsbehelf ausüben, der mit der Erf&uumlllung durch den Verkäufer unvereinbar ist.

(3) Zeigt der Verkäufer dem Käufer an, daß er innerhalb einer bestimmten Frist erf&uumlllen wird, so wird vermutet, daß die Anzeige eine Aufforderung an den Käufer nach Absatz 2 enthält, seine Entscheidung mitzuteilen.

(4) Eine Aufforderung oder Anzeige des Verkäufers nach Absatz 2 oder 3 ist nur wirksam, wenn der Käufer sie erhalten hat.

Article 49

(1) The buyer may declare the contract avoided:

(a) if the failure by the seller to perform any of his obligations under the contract or this Convention amounts to a fundamental breach of contract; or

(b) in case of non-delivery, if the seller does not deliver the goods within the additional period of time fixed by the buyer in accordance with paragraph (1)

Artikel 49 [Vertragsaufhebung]

(1) Der Käufer kann die Aufhebung des Vertrages erklären,

a) wenn die Nichterfüllung einer dem Verkäufer nach dem Vertrag oder diesem Übereinkommen obliegenden Pflicht eine wesentliche Vertragsverletzung darstellt oder

b) wenn im Falle der Nichtlieferung der Verkäufer die Ware nicht innerhalb der vom Käufer nach Arti-

of article 47 or declares that he will not deliver within the period so fixed.

(2) However, in cases where the seller has delivered the goods, the buyer loses the right to declare the contract avoided unless he does so:

(a) in respect of late delivery, within a reasonable time after he has become aware that delivery has been made;

(b) in respect of any breach other than late delivery, within a reasonable time:

(i) after he knew or ought to have known of the breach;

(ii) after the expiration of any additional period of time fixed by the buyer in accordance with paragraph (1) of article 47, or after the seller has declared that he will not perform his obligations within such an additional period; or

(iii) after the expiration of any additional period of time indicated by the seller in accordance with paragraph (2) of article 48, or after the buyer has declared that he will not accept performances.

kel 47 Absatz 1 gesetzten Nachfrist liefert oder wenn er erklärt, daß er nicht innerhalb der so gesetzten Frist liefern wird.

(2) Hat der Verkäufer die Ware geliefert, so verliert jedoch der Käufer sein Recht, die Aufhebung des Vertrages zu erklären, wenn er

a) im Falle der verspäteten Lieferung die Aufhebung nicht innerhalb einer angemessenen Frist erklärt, nachdem er erfahren hat, daß die Lieferung erfolgt ist, oder

b) im Falle einer anderen Vertragsverletzung als verspäteter Lieferung die Aufhebung nicht innerhalb einer angemessenen Frist erklärt,

i) nachdem er die Vertragsverletzung kannte oder kennen mußte,

ii) nachdem eine vom Käufer nach Artikel 47 Absatz 1 gesetzte Nachfrist abgelaufen ist oder nachdem der Verkäufer erklärt hat, daß er seine Pflichten nicht innerhalb der Nachfrist erfüllen wird, oder

iii) nachdem eine vom Verkäufer nach Artikel 48 Absatz 2 gesetzte Frist abgelaufen ist oder nachdem der Käufer erklärt hat, daß er die Erfüllung nicht annehmen wird.

Article 50

If the goods do not conform with the contract and whether or not the price has already been paid, the buyer may reduce the price in the same proportion as the value that the goods actually delivered had at the time of the delivery bears to the value that conforming goods would have had at that time. However, if the seller remedies any failure to perform his obligations in accordance with article 37 or article 48 or if the buyer refuses to accept performance by the seller in accordance with those articles, the buyer may not reduce the price.

Artikel 50 [Minderung]

Ist die Ware nicht vertragsgemäß, so kann der Käufer unabhängig davon, ob der Kaufpreis bereits gezahlt worden ist oder nicht, den Preis in dem Verhältnis herabsetzen, in dem der Wert, den die tatsächlich gelieferte Ware im Zeitpunkt der Lieferung hatte, zu dem Wert steht, den vertragsgemäße Ware zu diesem Zeitpunkt gehabt hätte. Behebt jedoch der Verkäufer nach Artikel 37 oder 48 einen Mangel in der Erfüllung seiner Pflichten oder weigert sich der Käufer, Erfüllung durch den Verkäufer nach den genannten Artikeln anzunehmen, so kann der Käufer den Preis nicht herabsetzen.

Article 51

(1) If the seller delivers only a part of the goods or if only a part of the goods delivered is in conformity with the contract, articles 46 to 50 apply in respect of the part which is missing or which does not conform.

(2) The buyer may declare the contract avoided in its entirety only if the failure to make delivery completely or in conformity with the contract amounts to a fundamental breach of the contract.

Artikel 51 [Teilweise Nichterfüllung]

(1) Liefert der Verkäufer nur einen Teil der Ware oder ist nur ein Teil der gelieferten Ware vertragsgemäß, so gelten für den Teil, der fehlt oder der nicht vertragsgemäß ist, die Artikel 46 bis 50.

(2) Der Käufer kann nur dann die Aufhebung des gesamten Vertrages erklären, wenn die unvollständige oder nicht vertragsgemäße Lieferung eine wesentliche Vertragsverletzung darstellt.

Article 52

(1) If the seller delivers the goods before the date fixed, the buyer may take delivery or refuse to take delivery.

(2) If the seller delivers a quantity of goods greater than that provided for in the contract, the buyer may take delivery or refuse to take delivery of the excess quantity. If the buyer takes delivery of all or part of the excess quantity, he must pay for it at the contract rate.

Artikel 52 [Vorzeitige Lieferung und Zuviellieferung]

(1) Liefert der Verkäufer die Ware vor dem festgesetzten Zeitpunkt, so steht es dem Käufer frei, sie abzunehmen oder die Abnahme zu verweigern.

(2) Liefert der Verkäufer eine größere als die vereinbarte Menge, so kann der Käufer die zuviel gelieferte Menge abnehmen oder ihre Abnahme verweigern. Nimmt der Käufer die zuviel gelieferte Menge ganz oder teilweise ab, so hat er sie entsprechend dem vertraglichen Preis zu bezahlen.

CHAPTER III. OBLIGATIONS OF THE BUYER

Kapitel III. Pflichten des Käufers

Article 53

The buyer must pay the price for the goods and take delivery of them as required by the contract and this Convention.

Artikel 53 [Zahlung des Kaufpreises; Abnahme der Ware]

Der Käufer ist nach Maßgabe des Vertrages und dieses Übereinkommens verpflichtet, den Kaufpreis zu zahlen und die Ware abzunehmen.

Section I. Payment of the price

Abschnitt I. Zahlung des Kaufpreises

Article 54

The buyer's obligation to pay the price includes taking such steps and complying with such formalities as may be required under the contract or any laws and regulations to enable payment to be made.

Artikel 54 [Kaufpreiszahlung]

Zur Pflicht des Käufers, den Kaufpreis zu zahlen, gehört es auch, die Maßnahmen zu treffen und die Förmlichkeiten zu erfüllen, die der Vertrag oder Rechtsvorschriften erfordern, damit Zahlung geleistet werden kann.

Article 55

Where a contract has been validly concluded but does not expressly or implicitly fix or make provision for determining the price, the parties are considered, in the absence of any indication to the contrary, to have impliedly made reference to the price generally charged at the time of the conclusion of the contract for such goods sold under comparable circumstances in the trade concerned.

Artikel 55 [Bestimmung des Preises]

Ist ein Vertrag gültig geschlossen worden, ohne daß er den Kaufpreis ausdrücklich oder stillschweigend festsetzt oder dessen Festsetzung ermöglicht, so wird mangels gegenteiliger Anhaltspunkte vermutet, daß die Parteien sich stillschweigend auf den Kaufpreis bezogen haben, der bei Vertragsabschluß allgemein für derartige Ware berechnet wurde, die in dem betreffenden Geschäftszweig unter vergleichbaren Umständen verkauft wurde.

Article 56

If the price is fixed according to the weight of the goods, in case of doubt it is to be determined by the net weight.

Artikel 56 [Kaufpreis nach Gewicht]

Ist der Kaufpreis nach dem Gewicht der Ware festgesetzt, so bestimmt er sich im Zweifel nach dem Nettogewicht.

Article 57

(1) If the buyer is not bound to pay the price at any other particular place, he must pay it to the seller:

Artikel 57 [Zahlungsort]

(1) Ist der Käufer nicht verpflichtet, den Kaufpreis an einem anderen bestimmten Ort zu zahlen, so hat er ihn dem Verkäufer wie folgt zu zahlen:

(a) at the seller's place of business; or

(b) if the payment is to be made against the handing over of the goods or of documents, at the place where the handing over takes place.

(2) The seller must bear any increase in the expenses incidental to payment which is caused by a change in his place of business subsequent to the conclusion of the contract.

a) am Ort der Niederlassung des Verkäufers oder,

b) wenn die Zahlung gegen Übergabe der Ware oder von Dokumenten zu leisten ist, an dem Ort, an dem die Übergabe stattfindet.

(2) Der Verkäufer hat alle mit der Zahlung zusammenhängenden Mehrkosten zu tragen, die durch einen Wechsel seiner Niederlassung nach Vertragsabschluß entstehen

Article 58

(1) If the buyer is not bound to pay the price at any other specific time, he must pay it when the seller places either the goods or documents controlling their disposition at the buyer's disposal in accordance with the contract and this Convention. The seller may make such payment a condition for handing over the goods or documents.

(2) If the contract involves carriage of the goods, the seller may dispatch the goods on terms whereby the goods, or documents controlling their disposition, will not be handed over to the buyer except against payment of the price.

(3) The buyer is not bound to pay the price until he has had an opportunity to examine the goods, unless the procedures for delivery or payment agreed upon by the parties are inconsistent with his having such an opportunity.

Artikel 58 [Zahlungszeit; Zahlung als Bedingung der Übergabe; Untersuchung vor Zahlung]

(1) Ist der Käufer nicht verpflichtet, den Kaufpreis zu einer bestimmten Zeit zu zahlen, so hat er den Preis zu zahlen, sobald ihm der Verkäufer entweder die Ware oder die Dokumente, die zur Verfügung darüber berechtigen, nach dem Vertrag und diesem Übereinkommen zur Verfügung gestellt hat. Der Verkäufer kann die Übergabe der Ware oder der Dokumente von der Zahlung abhängig machen.

(2) Erfordert der Vertrag eine Beförderung der Ware, so kann der Verkäufer sie mit der Maßgabe versenden, daß die Ware oder die Dokumente, die zur Verfügung darüber berechtigen, dem Käufer nur gegen Zahlung des Kaufpreises zu übergeben sind.

(3) Der Käufer ist nicht verpflichtet, den Kaufpreis zu zahlen, bevor er Gelegenheit gehabt hat, die Ware zu untersuchen, es sei denn, die von den Parteien vereinbarten Lieferungs- oder Zahlungsmodalitäten bieten hierzu keine Gelegenheit.

Article 59

The buyer must pay the price on the date fixed by or determinable from the contract and this Convention without the need for any request or compliance with any formality on the part of the seller.

Artikel 59 [Zahlung ohne Aufforderung]

Der Käufer hat den Kaufpreis zu dem Zeitpunkt, der in dem Vertrag festgesetzt oder nach dem Vertrag und diesem Übereinkommen bestimmbar ist, zu zahlen, ohne daß es einer Aufforderung oder der Einhaltung von Förmlichkeiten seitens des Verkäufers bedarf.

Section II. Taking delivery

Abschnitt II. Abnahme

Article 60

The buyer's obligation to take delivery consists:

(a) in doing all the acts which could reasonably be expected of him in order to enable the seller to make delivery; and

(b) in taking over the goods.

Section III. Remedies for breach of contract by the buyer

Artikel 60 [Begriff der Abnahme]

Die Pflicht des Käufers zur Abnahme besteht darin,

a) alle Handlungen vorzunehmen, die vernünftigerweise von ihm erwartet werden können, damit dem Verkäufer die Lieferung ermöglicht wird, und

b) die Ware zu übernehmen.

Abschnitt III. Rechtsbehelfe des Verkäufers wegen Vertragsverletzung durch den Käufer

Article 61

(1) If the buyer fails to perform any of his obligations under the contract or this Convention, the seller may:

(a) exercise the rights provided in articles 62 to 65;

(b) claim damages as provided in articles 74 to 77.

(2) The seller is not deprived of any right he may have to claim damages by exercising his right to other remedies.

(3) No period of grace may be granted to the buyer by a court or arbitral tribunal when the seller resorts to a remedy for breach of contract.

Artikel 61 [Rechtsbehelfe des Verkäufers; keine zusätzliche Frist]

(1) Erfüllt der Käufer eine seiner Pflichten nach dem Vertrag oder diesem Übereinkommen nicht, so kann der Verkäufer

a) die in Artikel 62 bis 65 vorgesehenen Rechte ausüben;

b) Schadenersatz nach Artikel 74 bis 77 verlangen.

(2) Der Verkäufer verliert das Recht, Schadenersatz zu verlangen, nicht dadurch, daß er andere Rechtsbehelfe ausübt.

(3) Übt der Verkäufer einen Rechtsbehelf wegen Vertragsverletzung aus, so darf ein Gericht oder Schiedsgericht dem Käufer keine zusätzliche Frist gewähren.

Article 62

The seller may require the buyer to pay the price, take delivery or perform his other obligations, unless the seller has resorted to a remedy which is inconsistent with this requirement.

Artikel 62 [Zahlung des Kaufpreises; Abnahme der Ware]

Der Verkäufer kann vom Käufer verlangen, daß er den Kaufpreis zahlt, die Ware abnimmt sowie seine sonstigen Pflichten erfüllt, es sei denn, daß der Verkäufer einen Rechtsbehelf ausgeübt hat, der mit diesem Verlangen unvereinbar ist.

Article 63

(1) The seller may fix an additional period of time of reasonable length for performance by the buyer of his obligations.

(2) Unless the seller has received notice from the buyer that he will not perform within the period so fixed, the seller may not, during that period, resort to any remedy for breach of contract. However, the seller is not deprived thereby of any right he may have to claim damages for delay in performance.

Artikel 63 [Nachfrist]

(1) Der Verkäufer kann dem Käufer eine angemessene Nachfrist zur Erfüllung seiner Pflichten setzen.

(2) Der Verkäufer kann vor Ablauf dieser Frist keinen Rechtsbehelf wegen Vertragsverletzung ausüben, außer wenn er vom Käufer die Anzeige erhalten hat, daß dieser seine Pflichten nicht innerhalb der so gesetzten Frist erfüllen wird. Der Verkäufer verliert dadurch jedoch nicht das Recht, Schadenersatz wegen verspäteter Erfüllung zu verlangen.

Article 64

(1) The seller may declare the contract avoided:

(a) if the failure by the buyer to perform any of his obligations under the contract or this Convention amounts to a fundamental breach of contract; or

(b) if the buyer does not, within the additional period of time fixed by the seller in accordance with paragraph (1) of article 63, perform his obligation to pay the price or take delivery of the goods, or if he declares that he will not do so within the period so fixed;

Artikel 64 [Vertragsaufhebung]

(1) Der Verkäufer kann die Aufhebung des Vertrages erklären,

a) wenn die Nichterfüllung einer dem Käufer nach dem Vertrag oder diesem Übereinkommen obliegenden Pflicht eine wesentliche Vertragsverletzung darstellt oder

b) wenn der Käufer nicht innerhalb der vom Verkäufer nach Artikel 63 Absatz 1 gesetzten Nachfrist seine Pflicht zur Zahlung des Kaufpreises oder zur Abnahme der Ware erfüllt oder wenn er erklärt, daß er dies nicht innerhalb der so gesetzten Frist tun wird.

(2) However, in cases where the buyer has paid the price, the seller loses the right to declare the contract avoided unless he does so:

(a) in respect of late performance by the buyer, before the seller has become aware that performance has been rendered; or

(b) in respect of any breach other than late performance by the buyer, within a reasonable time:

(i) after the seller knew or ought to have known of the breach; or

(ii) after the expiration of any additional period of time fixed by the seller in accordance with paragraph (1) of article 63, or after the buyer has declared that he will not perform his obligations within such an additional period.

(2) Hat der Käufer den Kaufpreis gezahlt, so verliert jedoch der Verkäufer sein Recht, die Aufhebung des Vertrages zu erklären, wenn er

a) im Falle verspäteter Erfüllung durch den Käufer die Aufhebung nicht erklärt, bevor er erfahren hat, daß erfüllt worden ist, oder

b) im Falle einer anderen Vertragsverletzung als verspäteter Erfüllung durch den Käufer die Aufhebung nicht innerhalb einer angemessenen Zeit erklärt,

i) nachdem der Verkäufer die Vertragsverletzung kannte oder kennen mußte oder

ii) nachdem eine vom Verkäufer nach Artikel 63 Absatz 1 gesetzte Nachfrist abgelaufen ist oder nachdem der Käufer erklärt hat, daß er seine Pflichten nicht innerhalb der Nachfrist erfüllen wird.

Article 65

(1) If under the contract the buyer is to specify the form, measurement or other features of the goods and he fails to make such specification either on the date agreed upon or within a reasonable time after receipt of a request from the seller, the seller may, without prejudice to any other rights he may have, make the specification himself in accordance with the requirements of the buyer that may be known to him.

(2) If the seller makes the specification himself, he must inform the buyer of the details thereof and must fix a reasonable time within which the buyer may make a different specification. If, after receipt of such a communication, the buyer fails to do so within the time so fixed, the specification made by the seller is binding.

Artikel 65 [Spezifizierung durch den Verkäufer]

(1) Hat der Käufer nach dem Vertrag die Form, die Maße oder andere Merkmale der Ware näher zu bestimmen und nimmt er diese Spezifizierung nicht zu dem vereinbarten Zeitpunkt oder innerhalb einer angemessenen Frist nach Eingang einer Aufforderung durch den Verkäufer vor, so kann der Verkäufer unbeschadet aller ihm zustehenden sonstigen Rechte die Spezifizierung nach den Bedürfnissen des Käufers, soweit ihm diese bekannt sind, selbst vornehmen.

(2) Nimmt der Verkäufer die Spezifizierung selbst vor, so hat er dem Käufer deren Einzelheiten mitzuteilen und ihm eine angemessene Frist zu setzen, innerhalb deren der Käufer eine abweichende Spezifizierung vornehmen kann. Macht der Käufer nach Eingang einer solchen Mitteilung von dieser Möglichkeit innerhalb der so gesetzten Frist keinen Gebrauch, so ist die vom Verkäufer vorgenommene Spezifizierung verbindlich.

CHAPTER IV. PASSING OF RISK

Article 66

Loss of or damage to the goods after the risk has passed to the buyer does not discharge him from his obligation to pay the price, unless the loss or damage is due to an act or omission of the seller.

Kapitel IV. Übergang der Gefahr

Artikel 66 [Wirkung des Gefahrübergangs]

Untergang oder Beschädigung der Ware nach Übergang der Gefahr auf den Käufer befreit diesen nicht von der Pflicht, den Kaufpreis zu zahlen, es sei denn, daß der Untergang oder die Beschädigung auf eine Handlung oder Unterlassung des Verkäufers zurückzuführen ist.

Article 67

(1) If the contract of sale involves carriage of the goods and the seller is not bound to hand them over at a particular place, the risk passes to the buyer when the goods are handed over to the first carrier for transmission to the buyer in accordance with the contract of sale. If the seller is bound to hand the goods over to a carrier at a particular place, the risk does not pass to the buyer until the goods are handed over to the carrier at that place. The fact that the seller is authorized to retain documents controlling the disposition of the goods does not affect the passage of the risk.

(2) Nevertheless, the risk does not pass to the buyer until the goods are clearly identified to the contract, whether by markings on the goods, by shipping documents, by notice given to the buyer or otherwise.

Artikel 67 [Gefahrübergang bei Beförderung der Ware]

(1) Erfordert der Kaufvertrag eine Beförderung der Ware und ist der Verkäufer nicht verpflichtet, sie an einem bestimmten Ort zu übergeben, so geht die Gefahr auf den Käufer über, sobald die Ware gemäß dem Kaufvertrag dem ersten Beförderer zur Übermittlung an den Käufer übergeben wird. Hat der Verkäufer dem Beförderer die Ware an einem bestimmten Ort zu übergeben, so geht die Gefahr erst auf den Käufer über, wenn die Ware dem Beförderer an diesem Ort übergeben wird. Ist der Verkäufer befugt, die Dokumente, die zur Verfügung über die Ware berechtigen, zurückzubehalten, so hat dies keinen Einfluß auf den Übergang der Gefahr.

(2) Die Gefahr geht jedoch erst auf den Käufer über, wenn die Ware eindeutig dem Vertrag zugeordnet ist, sei es durch an der Ware angebrachte Kennzeichen, durch Beförderungsdokumente, durch eine Anzeige an den Käufer oder auf andere Weise.

Article 68

The risk in respect of goods sold in transit passes to the buyer from the time of the conclusion of the contract. However, if the circumstances so indicate, the risk is assumed by the buyer from the time the goods were handed over to the carrier who issued the documents embodying the contract of carriage. Nevertheless, if at the time of the conclusion of the contract of sale the seller knew or ought to have known that the goods had been lost or damaged and did not disclose this to the buyer, the loss or damage is at the risk of the seller.

Artikel 68 [Gefahrübergang bei Verkauf der Ware, die sich auf dem Transport befindet]

Wird Ware, die sich auf dem Transport befindet, verkauft, so geht die Gefahr im Zeitpunkt des Vertragsabschlusses auf den Käufer über. Die Gefahr wird jedoch bereits im Zeitpunkt der Übergabe der Ware an den Beförderer, der die Dokumente über den Beförderungsvertrag ausgestellt hat, von dem Käufer übernommen, falls die Umstände diesen Schluß nahelegen. Wenn dagegen der Verkäufer bei Abschluß des Kaufvertrages wußte oder wissen mußte, daß die Ware untergegangen oder beschädigt war, und er dies dem Käufer nicht offenbart hat, geht der Untergang oder die Beschädigung zu Lasten des Verkäufers.

Article 69

(1) In cases not within articles 67 and 68, the risk passes to the buyer when he takes over the goods or, if he does not do so in due time, from the time when the goods are placed at his disposal and he commits a breach of contract by failing to take delivery.

(2) However, if the buyer is bound to take over the goods at a place other than a place of business of the seller, the risk passes when delivery is due and the buyer is aware of the fact that the goods are placed at his disposal at that place.

(3) If the contract relates to goods not then identified, the goods are considered not to be placed at

Artikel 69 [Gefahrübergang in anderen Fällen]

(1) In den durch Artikel 67 und 68 nicht geregelten Fällen geht die Gefahr auf den Käufer über, sobald er die Ware übernimmt oder, wenn er sie nicht rechtzeitig übernimmt, in dem Zeitpunkt, in dem ihm die Ware zur Verfügung gestellt wird und er durch Nichtabnahme eine Vertragsverletzung begeht.

(2) Hat jedoch der Käufer die Ware an einem anderen Ort als einer Niederlassung des Verkäufers zu übernehmen, so geht die Gefahr über, sobald die Lieferung fällig ist und der Käufer Kenntnis davon hat, daß ihm die Ware an diesem Ort zur Verfügung steht.

the disposal of the buyer until they are clearly identified to the contract.

(3) Betrifft der Vertrag Ware, die noch nicht individualisiert ist, so gilt sie erst dann als dem Käufer zur Verfügung gestellt, wenn sie eindeutig dem Vertrag zugeordnet worden

Article 70

If the seller has committed a fundamental breach of contract, articles 67, 68 and 69 do not impair the remedies available to the buyer on account of the breach.

Artikel 70 [Wesentliche Vertragsverletzung und Gefahrübergang]

Hat der Verkäufer eine wesentliche Vertragsverletzung begangen, so berühren die Artikel 67, 68 und 69 nicht die dem Käufer wegen einer solchen Verletzung zustehenden Rechtsbehelfe.

CHAPTER V. PROVISIONS COMMON TO THE OBLIGATIONS OF THE SELLER AND OF THE BUYER

Section I. Anticipatory breach and instalment contracts

Article 71

(1) A party may suspend the performance of his obligations if, after the conclusion of the contract, it becomes apparent that the other party will not perform a substantial part of his obligations as a result of:

(a) a serious deficiency in his ability of perform or in his creditworthiness; or

(b) his conduct in preparing to perform or in performing the contract.

(2) If the seller has already dispatched the goods before the grounds described in the preceding paragraph become evident, he may prevent the handing over of the goods to the buyer even though the buyer holds a document which entitles him to obtain them. The present paragraph relates only to the rights in the goods as between the buyer and the seller.

(3) A party suspending performance, whether before or after dispatch of the goods, must immediately give notice of the suspension to the other party and must continue with performance if the other party provides adequate assurance of his performance.

Article 72

(1) If prior to the date for performance of the contract it is clear that one of the parties will commit a fundamental breach of contract, the other party may declare the contract avoided.

Kapitel V. Gemeinsame Bestimmungen über die Pflichten des Verkäufers und des Käufers

Abschnitt I. Vorweggenommene Vertragsverletzung und Verträge über aufeinander folgende Lieferungen

Artikel 71 [Verschlechterungseinrede]

(1) Eine Partei kann die Erfüllung ihrer Pflichten aussetzen, wenn sich nach Vertragsabschluß herausstellt, daß die andere Partei einen wesentlichen Teil ihrer Pflichten nicht erfüllen wird

a) wegen eines schwerwiegenden Mangels ihrer Fähigkeit, den Vertrag zu erfüllen, oder ihrer Kreditwürdigkeit oder

b) wegen ihres Verhaltens bei der Vorbereitung der Erfüllung oder bei der Erfüllung des Vertrages.

(2) Hat der Verkäufer die Ware bereits abgesandt, bevor sich die in Absatz 1 bezeichneten Gründe herausstellen, so kann er sich der Übergabe der Ware an den Käufer widersetzen, selbst wenn der Käufer ein Dokument hat, das ihn berechtigt, die Ware zu erlangen. Der vorliegende Absatz betrifft nur die Rechte auf die Ware im Verhältnis zwischen Käufer und Verkäufer.

(3) Setzt eine Partei vor oder nach der Absendung der Ware die Erfüllung aus, so hat sie dies der anderen Partei sofort anzuzeigen; sie hat die Erfüllung fortzusetzen, wenn die andere Partei für die Erfüllung ihrer Pflichten ausreichende Gewähr gibt.

Artikel 72 [Antizipierter Vertragsbruch]

(1) Ist schon vor dem für die Vertragserfüllung festgesetzten Zeitpunkt offensichtlich, daß eine Partei eine wesentliche Vertragsverletzung begehen wird, so kann die andere Partei die Aufhebung des Vertrages erklären.

(2) If time allows, the party intending to declare the contract avoided must give reasonable notice to the other party in order to permit him to provide adequate assurance of his performance.

(3) The requirements of the preceding paragraph do not apply if the other party has declared that he will not perform his obligations.

(2) Wenn es die Zeit erlaubt und es nach den Umständen vernünftig ist, hat die Partei, welche die Aufhebung des Vertrages erklären will, dies der anderen Partei anzuzeigen, um ihr zu ermöglichen, für die Erfüllung ihrer Pflichten ausreichende Gewähr zu geben.

(3) Absatz 2 ist nicht anzuwenden, wenn die andere Partei erklärt hat, daß sie ihre Pflichten nicht erfüllen wird.

Article 73

(1) In the case of a contract for delivery of goods by instalments, if the failure of one party to perform any of his obligations in respect of any instalment constitutes a fundamental breach of contract with respect to that instalment, the other party may declare the contract avoided with respect to that instalment.

(2) If one party's failure to perform any of his obligations in respect of any instalment gives the other party good grounds to conclude that a fundamental breach of contract will occur with respect to future installments, he may declare the contract avoided for the future, provided that he does so within a reasonable time.

(3) A buyer who declares the contract avoided in respect of any delivery may, at the same time, declare it avoided in respect of deliveries already made or of future deliveries if, by reason of their interdependence, those deliveries could not be used for the purpose contemplated by the parties at the time of the conclusion of the contract.

Artikel 73 [Sukzessivlieferungsvertrag; Aufhebung]

(1) Sieht ein Vertrag aufeinander folgende Lieferungen von Ware vor und begeht eine Partei durch Nichterfüllung einer eine Teillieferung betreffenden Pflicht eine wesentliche Vertragsverletzung in bezug auf diese Teillieferung, so kann die andere Partei die Aufhebung des Vertrages in bezug auf diese Teillieferung erklären.

(2) Gibt die Nichterfüllung einer eine Teillieferung betreffenden Pflicht durch eine der Parteien der anderen Partei triftigen Grund zu der Annahme, daß eine wesentliche Vertragsverletzung in bezug auf künftige Teillieferungen zu erwarten ist, so kann die andere Partei innerhalb angemessener Frist die Aufhebung des Vertrages für die Zukunft erklären.

(3) Ein Käufer, der den Vertrag in bezug auf eine Lieferung als aufgehoben erklärt, kann gleichzeitig die Aufhebung des Vertrages in bezug auf bereits erhaltene Lieferungen oder in bezug auf künftige Lieferungen erklären, wenn diese Lieferungen wegen des zwischen ihnen bestehenden Zusammenhangs nicht mehr für den Zweck verwendet werden können, den die Parteien im Zeitpunkt des Vertragsabschlusses in Betracht gezogen haben.

Section II. Damages

Article 74

Damages for breach of contract by one party consist of a sum equal to the loss, including loss of profit, suffered by the other party as a consequence of the breach. Such damages may not exceed the loss which the party in breach foresaw or ought to have foreseen at the time of the conclusion of the contract, in the light of the facts and matters of which he then knew or ought to have known, as a possible consequence of the breach of contract.

Abschnitt II. Schadenersatz

Artikel 74 [Umfang des Schadenersatzes]

Als Schadenersatz für die durch eine Partei begangene Vertragsverletzung ist der der anderen Partei infolge der Vertragsverletzung entstandene Verlust, einschließlich des entgangenen Gewinns, zu ersetzen. Dieser Schadenersatz darf jedoch den Verlust nicht übersteigen, den die vertragsbrüchige Partei bei Vertragsabschluß als mögliche Folge der Vertragsverletzung vorausgesehen hat oder unter Berücksichtigung der Umstände, die sie kannte oder kennen mußte, hätte voraussehen müssen.

Article 75

If the contract is avoided and if, in a reasonable manner and within a reasonable time after avoidance, the buyer has bought goods in replacement or the seller has resold the goods, the party claiming damages may recover the difference between the contract price and the price in the substitute transaction as well as any further damages recoverable under article 74.

Artikel 75 [Schadensberechnung bei Vertragsaufhebung und Deckungsgeschäft]

Ist der Vertrag aufgehoben und hat der Käufer einen Deckungskauf oder der Verkäufer einen Deckungsverkauf in angemessener Weise und innerhalb eines angemessenen Zeitraums nach der Aufhebung vorgenommen, so kann die Partei, die Schadenersatz verlangt, den Unterschied zwischen dem im Vertrag vereinbarten Preis und dem Preis des Deckungskaufs oder des Deckungsverkaufs sowie jeden weiteren Schadenersatz nach Artikel 74 verlangen.

Article 76

(1) If the contract is avoided and there is a current price for the goods, the party claiming damages may, if he has not made a purchase or resale under article 75, recover the difference between the price fixed by the contract and the current price at the time of avoidance as well as any further damages recoverable under article 74. If, however, the party claiming damages has avoided the contract after taking over the goods, the current price at the time of such taking over shall be applied instead of the current price at the time of avoidance.

(2) For the purposes of the preceding paragraph, the current price is the price prevailing at the place where delivery of the goods should have been made or, if there is no current price at that place, the price at such other place as serves as a reasonable substitute, making due allowance for differences in the cost of transporting the goods.

Artikel 76 [Schadensberechnung bei Vertragsaufhebung ohne Deckungsgeschäft]

(1) Ist der Vertrag aufgehoben und hat die Ware einen Marktpreis, so kann die Schadenersatz verlangende Partei, wenn sie keinen Deckungskauf oder Deckungsverkauf nach Artikel 75 vorgenommen hat, den Unterschied zwischen dem im Vertrag vereinbarten Preis und dem Marktpreis zur Zeit der Aufhebung sowie jeden weiteren Schadenersatz nach Artikel 74 verlangen. Hat jedoch die Partei, die Schadenersatz verlangt, den Vertrag aufgehoben, nachdem sie die Ware übernommen hat, so gilt der Marktpreis zur Zeit der Übernahme und nicht der Marktpreis zur Zeit der Aufhebung.

(2) Als Marktpreis im Sinne von Absatz 1 ist maßgebend der Marktpreis, der an dem Ort gilt, an dem die Lieferung der Ware hätte erfolgen sollen, oder, wenn dort ein Marktpreis nicht besteht, der an einem angemessenen Ersatzort geltende Marktpreis; dabei sind Unterschiede in den Kosten der Beförderung der Ware zu berücksichtigen.

Article 77

A party who relies on a breach of contract must take such measures as are reasonable in the circumstances to mitigate the loss, including loss of profit, resulting from the breach. If he fails to take such measures, the party in breach may claim a reduction in the damages in the amount by which the loss should have been mitigated.

Artikel 77 [Schadensminderungspflicht des Ersatzberechtigten]

Die Partei, die sich auf eine Vertragsverletzung beruft, hat alle den Umständen nach angemessenen Maßnahmen zur Verringerung des aus der Vertragsverletzung folgenden Verlusts, einschließlich des entgangenen Gewinns, zu treffen. Versäumt sie dies, so kann die vertragsbrüchige Partei Herabsetzung des Schadenersatzes in Höhe des Betrags verlangen, um den der Verlust hätte verringert werden sollen.

Section III. Interest

Article 78

If a party fails to pay the price or any other sum that is in arrears, the other party is entitled to interest on it, without prejudice to any claim for damages recoverable under article 74

Section IV. Exemption

Article 79

(1) A party is not liable for a failure to perform any of his obligations if he proves that the failure was due to an impediment beyond his control and that he could not reasonably be expected to have taken the impediment into account at the time of the conclusion of the contract or to have avoided or overcome it or its consequences.

(2) If the party's failure is due to the failure by a third person whom he has engaged to perform the whole or a part of the contract, that party is exempt from liability only if:

(a) he is exempt under the preceding paragraph; and

(b) the person whom he has so engaged would be so exempt if the provisions of that paragraph were applied to him.

(3) The exemption provided by this article has effect for the period during which the impediment exists.

(4) The party who fails to perform must give notice to the other party of the impediment and its effect on his ability to perform. If the notice is not received by the other party within a reasonable time after the party who fails to perform knew or ought to have known of the impediment, he is liable for damages resulting from such nonreceipt.

(5) Nothing in this article prevents either party from exercising any right other than to claim damages under this Convention.

Article 80

A party may not rely on a failure of the other party to perform, to the extent that such failure was cau-

Abschnitt III. Zinsen

Art. 78 [Zinsen]

Versäumt eine Partei, den Kaufpreis oder einen anderen fälligen Betrag zu zahlen, so hat die andere Partei für diese Beträge Anspruch auf Zinsen, unbeschadet eines Schadenersatzanspruchs nach Artikel 74.

Abschnitt IV. Befreiungen

Artikel 79 [Hinderungsgrund außerhalb des Einflußbereichs des Schuldners]

(1) Eine Partei hat für die Nichterfüllung einer ihrer Pflichten nicht einzustehen, wenn sie beweist, daß die Nichterfüllung auf einem außerhalb ihres Einflußbereichs liegenden Hinderungsgrund beruht und daß von ihr vernünftigerweise nicht erwartet werden konnte, den Hinderungsgrund bei Vertragsabschluß in Betracht zu ziehen oder den Hinderungsgrund oder seine Folgen zu vermeiden oder zu überwinden.

(2) Beruht die Nichterfüllung einer Partei auf der Nichterfüllung durch einen Dritten, dessen sie sich zur völligen oder teilweisen Vertragserfüllung bedient, so ist diese Partei von der Haftung nur befreit,

a) wenn sie nach Absatz 1 befreit ist und

b) wenn der Dritte selbst ebenfalls nach Absatz 1 befreit wäre, sofern Absatz 1 auf ihn Anwendung fände.

(3) Die in diesem Artikel vorgesehene Befreiung gilt für die Zeit, während der der Hinderungsgrund besteht.

(4) Die Partei, die nicht erfüllt, hat den Hinderungsgrund und seine Auswirkung auf ihre Fähigkeit zu erfüllen der anderen Partei mitzuteilen. Erhält die andere Partei die Mitteilung nicht innerhalb einer angemessenen Frist, nachdem die nicht erfüllende Partei den Hinderungsgrund kannte oder kennen mußte, so haftet diese für den aus dem Nichterhalt entstehenden Schaden.

(5) Dieser Artikel hindert die Parteien nicht, ein anderes als das Recht auszuüben, Schadenersatz nach diesem Übereinkommen zu verlangen.

Artikel 80 [Verursachung der Nichterfüllung durch die andere Partei]

Eine Partei kann sich auf die Nichterfüllung von Pflichten durch die andere Partei nicht berufen, so-

sed by the first party's act or omission.

weit diese Nichterfüllung durch ihre Handlung oder Unterlassung verursacht wurde.

Section V. Effects of avoidance

Article 81

(1) Avoidance of the contract releases both parties from their obligations under it, subject to any damages which may be due. Avoidance does not affect any provision of the contract for the settlement of disputes or any other provision of the contract governing the rights and obligations of the parties consequent upon the avoidance of the contract.

(2) A party who has performed the contract either wholly or in part may claim restitution from the other party of whatever the first party has supplied or paid under the contract. If both parties are bound to make restitution, they must do so concurrently.

Article 82

(1) The buyer loses the right to declare the contract avoided or to require the seller to deliver substitute goods if it is impossible for him to make restitution of the goods substantially in the condition in which he received them.

(2) The preceding paragraph does not apply:

(a) if the impossibility of making restitution of the goods or of making restitution of the goods substantially in the condition in which the buyer received them is not due to his act or omission;

(b) the goods or part of the goods have perished or deteriorated as a result of the examination provided for in article 38; or

(c) if the goods or part of the goods have been sold in the normal course of business or have been consumed or transformed by the buyer in the course of normal use before he discovered or ought to have discovered the lack of conformity.

Article 83

A buyer who has lost the right to declare the contract avoided or to require the seller to deliver substitute goods in accordance with article 82 retains

Abschnitt V. Wirkungen der Aufhebung

Artikel 81 [Erlöschen der Leistungspflichten; Rückgabe des Geleisteten]

(1) Die Aufhebung des Vertrages befreit beide Parteien von ihren Vertragspflichten, mit Ausnahme etwaiger Schadenersatzpflichten. Die Aufhebung berührt nicht Bestimmungen des Vertrages über die Beilegung von Streitigkeiten oder sonstige Bestimmungen des Vertrages, welche die Rechte und Pflichten der Parteien nach Vertragsaufhebung regeln.

(2) Hat eine Partei den Vertrag ganz oder teilweise erfüllt, so kann sie Rückgabe des von ihr Geleisteten von der anderen Partei verlangen. Sind beide Parteien zur Rückgabe verpflichtet, so sind die Leistungen Zug um Zug zurückzugeben.

Artikel 82 [Verlust der Rechte auf Vertragsaufhebung oder Ersatzlieferung wegen Unmöglichkeit der Rückgabe im ursprünglichen Zustand]

(1) Der Käufer verliert das Recht, die Aufhebung des Vertrages zu erklären oder vom Verkäufer Ersatzlieferung zu verlangen, wenn es ihm unmöglich ist, die Ware im wesentlichen in dem Zustand zurückzugeben, in dem er sie erhalten hat.

(2) Absatz 1 findet keine Anwendung,

a) wenn die Unmöglichkeit, die Ware zurückzugeben oder sie im wesentlichen in dem Zustand zurückzugeben, in dem der Käufer sie erhalten hat, nicht auf einer Handlung oder Unterlassung des Käufers beruht,

b) wenn die Ware ganz oder teilweise infolge der in Artikel 38 vorgesehenen Untersuchung untergegangen oder verschlechtert worden ist oder

c) wenn der Käufer die Ware ganz oder teilweise im normalen Geschäftsverkehr verkauft oder der normalen Verwendung entsprechend verbraucht oder verändert hat, bevor er die Vertragswidrigkeit entdeckt hat oder hätte entdecken müssen.

Artikel 83 [Fortbestand anderer Rechte des Käufers]

Der Käufer, der nach Artikel 82 das Recht verloren hat, die Aufhebung des Vertrages zu erklären oder vom Verkäufer Ersatzlieferung zu verlangen, behält

all other remedies under the contract and this Convention.

alle anderen Rechtsbchelfe, die ihm nach dem Vertrag und diesem Übereinkommen zustehen.

Article 84

(1) If the seller is bound to refund the price, he must also pay interest on it, from the date on which the price was paid.

(2) The buyer must account to the seller for all benefits which he has derived from the goods or part of them:

(a) if he must make restitution of the goods or part of them; or

(b) if it is impossible for him to make restitution of all or part of the goods or to make restitution of all or part of the goods substantially in the condition in which he received them, but he has nevertheless declared the contract avoided or required the seller to deliver substitute goods.

Artikel 84 [Ausgleich von Vorteilen im Falle der Rückabwicklung]

(1) Hat der Verkäufer den Kaufpreis zurückzuzahlen, so hat er außerdem vom Tag der Zahlung an auf den Betrag Zinsen zu zahlen.

(2) Der Käufer schuldet dem Verkäufer den Gegenwert aller Vorteile, die er aus der Ware oder einem Teil der Ware gezogen hat,

a) wenn er die Ware ganz oder teilweise zurückgeben muß oder

b) wenn es ihm unmöglich ist, die Ware ganz oder teilweise zurückzugeben oder sie ganz oder teilweise im wesentlichen in dem Zustand zurückzugeben, in dem er sie erhalten hat, er aber dennoch die Aufhebung des Vertrages erklärt oder vom Verkäufer Ersatzlieferung verlangt hat.

Section VI. Preservation of the goods

Abschnitt VI. Erhaltung der Ware

Article 85

If the buyer is in delay in taking delivery of the goods or, where payment of the price and delivery of the goods are to be made concurrently, if he fails to pay the price, and the seller is either in possession of the goods or otherwise able to control their disposition, the seller must take such steps as are reasonable in the circumstances to preserve them. He is entitled to retain them until he has been reimbursed his reasonable expenses by the buyer.

Artikel 85 [Pflicht des Verkäufers zur Erhaltung der Ware]

Nimmt der Käufer die Ware nicht rechtzeitig ab oder versäumt er, falls Zahlung des Kaufpreises und Lieferung der Ware Zug um Zug erfolgen sollen, den Kaufpreis zu zahlen, und hat der Verkäufer die Ware noch in Besitz oder ist er sonst in der Lage, über sie zu verfügen, so hat der Verkäufer die den Umständen angemessenen Maßnahmen zu ihrer Erhaltung zu treffen. Er ist berechtigt, die Ware zurückzubehalten, bis ihm der Käufer seine angemessenen Aufwendungen erstattet hat.

Article 86

(1) If the buyer has received the goods and intends to exercise any right under the contract or this Convention to reject them, he must take such steps to preserve them as are reasonable in the circumstances. He is entitled to retain them until he has been reimbursed his reasonable expenses by the seller.

(2) If goods dispatched to the buyer have been placed at his disposal at their destination and he exercises the right to reject them, he must take possession of them on behalf of the seller, provided that this can be done without payment of the price and without unreasonable inconvenience or unreasonable expense. This provision does not apply if the sel-

Artikel 86 [Pflicht des Käufers zur Inbesitznahme und Erhaltung der Ware]

(1) Hat der Käufer die Ware empfangen und beabsichtigt er, ein nach dem Vertrag oder diesem Übereinkommen bestehendes Zurückweisungsrecht auszuüben, so hat er die den Umständen angemessenen Maßnahmen zu ihrer Erhaltung zu treffen. Er ist berechtigt, die Ware zurückzubehalten, bis ihm der Verkäufer seine angemessenen Aufwendungen erstattet hat.

(2) Ist die dem Käufer zugesandte Ware ihm am Bestimmungsort zur Verfügung gestellt worden und übt er das Recht aus, sie zurückzuweisen, so hat er sie für Rechnung des Verkäufers in Besitz zu nehmen, sofern dies ohne Zahlung des Kaufpreises und

ler or a person authorized to take charge of the goods on his behalf is present at the destination. If the buyer takes possession of the goods under this paragraph, his rights and obligations are governed by the preceding paragraph.

ohne unzumutbare Unannehmlichkeiten oder unverhältnismäßige Kosten möglich ist. Dies gilt nicht, wenn der Verkäufer oder eine Person, die befugt ist, die Ware für Rechnung des Verkäufers in Obhut zu nehmen, am Bestimmungsort anwesend ist. Nimmt der Käufer die Ware nach diesem Absatz in Besitz, so werden seine Rechte und Pflichten durch Absatz 1 geregelt.

Article 87

A party who is bound to take steps to preserve the goods may deposit them in a warehouse of a third person at the expense of the other party provided that the expense incurred is not unreasonable.

Artikel 87 [Einlagerung bei Dritten]

Eine Partei, die Maßnahmen zur Erhaltung der Ware zu treffen hat, kann die Ware auf Kosten der anderen Partei in den Lagerräumen eines Dritten einlagern, sofern daraus keine unverhältnismäßigen Kosten entstehen.

Article 88

(1) A party who is bound to preserve the goods in accordance with article 85 or 86 may sell them by any appropriate means if there has been an unreasonable delay by the other party in taking possession of the goods or in taking them back or in paying the price or the cost of preservation, provided that reasonable notice of the intention to sell has been given to the other party.

(2) If the goods are subject to rapid deterioration or their preservation would involve unreasonable expense, a party who is bound to preserve the goods in accordance with article 85 or 86 must take reasonable measures to sell them. To the extent possible he must give notice to the other party of his intention to sell.

(3) A party selling the goods has the right to retain out of the proceeds of sale an amount equal to the reasonable expenses of preserving the goods and of selling them. He must account to the other party for the balance.

Artikel 88 [Selbsthilfeverkauf]

(1) Eine Partei, die nach Artikel 85 oder 86 zur Erhaltung der Ware verpflichtet ist, kann sie auf jede geeignete Weise verkaufen, wenn die andere Partei die Inbesitznahme oder die Rücknahme der Ware oder die Zahlung des Kaufpreises oder der Erhaltungskosten ungebührlich hinauszögert, vorausgesetzt, daß sie der anderen Partei ihre Verkaufsabsicht in vernünftiger Weise angezeigt hat.

(2) Ist die Ware einer raschen Verschlechterung ausgesetzt oder würde ihre Erhaltung unverhältnismäßige Kosten verursachen, so hat die Partei, der nach Artikel 85 oder 86 die Erhaltung der Ware obliegt, sich in angemessener Weise um ihren Verkauf zu bemühen. Soweit möglich hat sie der anderen Partei ihre Verkaufsabsicht anzuzeigen.

(3) Hat eine Partei die Ware verkauft, so kann sie aus dem Erlös des Verkaufs den Betrag behalten, der den angemessenen Kosten der Erhaltung und des Verkaufs der Ware entspricht. Den Überschuß schuldet sie der anderen Partei.

Part IV. Final provisions

Teil IV. Schlußbestimmungen

Article 89

The Secretary-General of the United Nations is hereby designated as the depositary for this Convention.

Artikel 89 [Depositar]

Der Generalsekretär der Vereinten Nationen wird hiermit zum Verwahrer dieses Übereinkommens bestimmt.

Article 90

This Convention does not prevail over any international agreement which has already been or may be entered into and which contains provisions concer-

Artikel 90 [Verhältnis zu anderen völkerrechtlichen Vereinbarungen]

Dieses Übereinkommen geht bereits geschlossenen oder in Zukunft zu schließenden völkerrechtlichen Übereinkünften, die Bestimmungen über in diesem

ning the matters governed by this Convention, provided that the parties have their places of business in States parties, to such agreement.

Übereinkommen geregelte Gegenstände enthalten, nicht vor, sofern die Parteien ihre Niederlassung in Vertragsstaaten einer solchen Übereinkunft haben.

Article 91

(1) This Convention is open for signature at the concluding meeting of the United Nations Conference on Contracts for the International Sale of Goods and will remain open for signature by all States at the Headquarters of the United Nations, New York until 30 September 1981.

(2) This Convention is subject to ratification, acceptance or approval by the signatory States.

(3) This Convention is open for accession by all States which are not signatory States as from the date it is open for signature.

(4) Instruments of ratification, acceptance, approval and accession are to be deposited with the Secretary-General of the United Nations.

Artikel 91 [Unterzeichnung; Ratifikation; Annahme; Genehmigung; Beitritt]

(1) Dieses Übereinkommen liegt in der Schlußsitzung der Konferenz der Vereinten Nationen über Verträge über den internationalen Warenkauf zur Unterzeichnung auf und liegt dann bis 30. September 1981 am Sitz der Vereinten Nationen in New York für alle Staaten zur Unterzeichnung auf.

(2) Dieses Übereinkommen bedarf der Ratifikation, Annahme oder Genehmigung durch die Unterzeichnerstaaten.

(3) Dieses Übereinkommen steht allen Staaten, die nicht Unterzeichnerstaaten sind, von dem Tag an zum Beitritt offen, an dem es zur Unterzeichnung aufgelegt wird.

(4) Die Ratifikations-, Annahme-, Genehmigungs- und Beitrittsurkunden werden beim Generalsekretär der Vereinten Nationen hinterlegt.

Article 92

(1) A Contracting State may declare at the time of signature, ratification, acceptance, approval or accession that it will not be bound by Part II of this Convention or that it will not be bound by Part III of this Convention.

(2) A Contracting State which makes a declaration in accordance with the preceding paragraph in respect of Part II or Part III of this Convention is not to be considered a Contracting State within paragraph (1) of article 1 of this Convention in respect of matters governed by the Part to which the declaration applies.

Artikel 92 [Teilweise Ratifikation, Annahme, Genehmigung oder Beitritt]

(1) Ein Vertragsstaat kann bei der Unterzeichnung, der Ratifikation, der Annahme, der Genehmigung oder dem Beitritt erklären, daß Teil II dieses Übereinkommens für ihn nicht verbindlich ist oder daß Teil III dieses Übereinkommens für ihn nicht verbindlich ist.

(2) Ein Vertragsstaat, der eine Erklärung nach Absatz 1 zu Teil II oder Teil III dieses Übereinkommens abgegeben hat, ist hinsichtlich solcher Gegenstände, die durch den Teil geregelt werden, auf den sich die Erklärung bezieht, nicht als Vertragsstaat im Sinne des Artikels 1 Absatz 1 zu betrachten.

Article 93

(1) If a Contracting State has two or more territorial units in which, according to its constitution, different systems of law are applicable in relation to the matters dealt with in this Convention, it may, at the time of signature, ratification, acceptance, approval or accession, declare that this Convention is to extend to all its territorial units or only to one or more of them, and may amend its declaration by submitting another declaration at any time.

Artikel 93 [Föderative Staaten]

(1) Ein Vertragsstaat, der zwei oder mehr Gebietseinheiten umfaßt, in denen nach seiner Verfassung auf die in diesem Übereinkommen geregelten Gegenstände unterschiedliche Rechtsordnungen angewendet werden, kann bei der Unterzeichnung, der Ratifikation, der Annahme, der Genehmigung oder dem Beitritt erklären, daß dieses Übereinkommen sich auf alle seine Gebietseinheiten oder nur auf eine oder mehrere derselben erstreckt; er kann seine Erklärung jederzeit durch eine neue Erklärung ändern.

(2) These declarations are to be notified to the depositary and are to state expressly the territorial units to which the Convention extends.

(3) If, by virtue of a declaration under this article, this Convention extends to one or more but not all of the territorial units of a Contracting State, and if the place of business of a party is located in that State, this place of business, for the purposes of this Convention, is considered not to be in a Contracting State, unless it is in a territorial unit to which the Convention extends.

(4) If a Contracting State makes no declaration under paragraph (1) of this article, the Convention is to extend to all territorial units of that State.

(2) Die Erklärungen sind dem Verwahrer zu notifizieren und haben ausdrücklich anzugeben, auf welche Gebietseinheiten das Übereinkommen sich erstreckt.

(3) Erstreckt sich das Übereinkommen aufgrund einer Erklärung nach diesem Artikel auf eine oder mehrere, jedoch nicht auf alle Gebietseinheiten eines Vertragsstaats und liegt die Niederlassung einer Partei in diesem Staat, so wird diese Niederlassung im Sinne dieses Übereinkommens nur dann als in einem Vertragsstaat gelegen betrachtet, wenn sie in einer Gebietseinheit liegt, auf die sich das Übereinkommen erstreckt.

(4) Gibt ein Vertragsstaat keine Erklärung nach Absatz 1 ab, so erstreckt sich das Übereinkommen auf alle Gebietseinheiten dieses Staates.

Article 94

(1) Two or more Contracting States which have the same or closely related legal rules on matters governed by this Convention may at any time declare that the Convention is not to apply to contracts of sale or to their formation where the parties have their places of business in those States. Such declarations may be made jointly or by reciprocal unilateral declarations.

(2) A Contracting State which has the same or closely related legal rules on matters governed by this Convention as one or more non-Contracting States may at any time declare that the Convention is not to apply to contracts of sale or to their formation where the parties have their places of business in those States.

(3) If a State which is the object of a declaration under the preceding paragraph subsequently becomes a Contracting State, the declaration made will, as from the date on which the Convention enters into force in respect of the new Contracting State, have the effect of a declaration made under paragraph (1), provided that the new Contracting State joins in such declaration or makes a reciprocal unilateral declaration.

Artikel 94 [Erklärung über Nichtanwendung der Konvention]

(1) Zwei oder mehr Vertragsstaaten, welche gleiche oder einander sehr nahekommende Rechtsvorschriften für Gegenstände haben, die in diesem Übereinkommen geregelt werden, können jederzeit erklären, daß das Übereinkommen auf Kaufverträge und ihren Abschluß keine Anwendung findet, wenn die Parteien ihre Niederlassung in diesen Staaten haben. Solche Erklärungen können als gemeinsame oder als aufeinander bezogene einseitige Erklärungen abgegeben werden.

(2) Hat ein Vertragsstaat für Gegenstände, die in diesem Übereinkommen geregelt werden, Rechtsvorschriften, die denen eines oder mehrerer Nichtvertragsstaaten gleich sind oder sehr nahekommen, so kann er jederzeit erklären, daß das Übereinkommen auf Kaufverträge oder ihren Abschluß keine Anwendung findet, wenn die Parteien ihre Niederlassung in diesen Staaten haben.

(3) Wird ein Staat, auf den sich eine Erklärung nach Absatz 2 bezieht, Vertragsstaat, so hat die Erklärung von dem Tag an, an dem das Übereinkommen für den neuen Vertragsstaat in Kraft tritt, die Wirkung einer nach Absatz 1 abgegebenen Erklärung, vorausgesetzt, daß der neue Vertragsstaat sich einer solchen Erklärung anschließt oder eine darauf bezogene einseitige Erklärung abgibt.

Article 95

Any State may declare at the time of the deposit of its instrument of ratification, acceptance, approval

Artikel 95 [Erklärung zum Ausschluß der Anwendung des Artikel 1 I b)]

Jeder Staat kann bei der Hinterlegung seiner Ratifikations-, Annahme-, Genehmigungs- oder Beitritts-

or accession that it will not be bound by subparagraph (1) (b) of article 1 of this Convention.

Article 96

A Contracting State whose legislation requires contracts of sale to be concluded in or evidenced by writing may at any time make a declaration in accordance with article 12 that any provision of article 11, article 29, or Part II of this Convention, that allows a contract of sale or its modification or termination by agreement or any offer, acceptance, or other indication of intention to be made in any form other than in writing, does not apply where any party has his place of business in that State.

Article 97

(1) Declarations made under this Convention at the time of signature are subject to confirmation upon ratification, acceptance or approval.

(2) Declarations and confirmations of declarations are to be in writing and be formally notified to the depositary.

(3) A declaration takes effect simultaneously with the entry into force of this Convention in respect of the State concerned. However, a declaration of which the depositary receives formal notification after such entry into force takes effect on the first day of the month following the expiration of six months after the date of its receipt by the depositary. Reciprocal unilateral declarations under article 94 take effect on the first day of the month following the expiration of six months after the receipt of the latest declaration by the depositary.

(4) Any State which makes a declaration under this Convention may withdraw it at any time by a formal notification in writing addressed to the depositary. Such withdrawal is to take effect on the first day of the month following the expiration of six months after the date of the receipt of the notification by the depositary.

(5) A withdrawal of a declaration made under article 94 renders inoperative, as from the date on which the withdrawal takes effect, any reciprocal declaration made by another State under that article.

urkunde erklären, daß Artikel 1 Absatz 1 Buchstabe b für ihn nicht verbindlich ist.

Artikel 96 [Erklärung zur Schriftform]

Ein Vertragsstaat, nach dessen Rechtsvorschriften Kaufverträge schriftlich zu schließen oder nachzuweisen sind, kann jederzeit eine Erklärung nach Artikel 12 abgeben, daß die Bestimmungen der Artikel 11 und 29 oder des Teils II dieses Übereinkommens, die für den Abschluß eines Kaufvertrages, seine Änderung oder Aufhebung durch Vereinbarung oder für ein Angebot, eine Annahme oder eine sonstige Willenserklärung eine andere als die schriftliche Form gestatten, nicht gelten, wenn eine Partei ihre Niederlassung in diesem Staat hat.

Artikel 97 [Wirksamkeitsvoraussetzungen einer Vorbehaltserklärung]

(1) Erklärungen, die nach diesem Übereinkommen bei der Unterzeichnung abgegeben werden, bedürfen der Bestätigung bei der Ratifikation, Annahme oder Genehmigung.

(2) Erklärungen und Bestätigungen von Erklärungen bedürfen der Schriftform und sind dem Verwahrer zu notifizieren.

(3) Eine Erklärung wird gleichzeitig mit dem Inkrafttreten dieses Übereinkommens für den betreffenden Staat wirksam. Eine Erklärung, die dem Verwahrer nach diesem Inkrafttreten notifiziert wird, tritt jedoch am ersten Tag des Monats in Kraft, der auf einen Zeitabschnitt von sechs Monaten nach ihrem Eingang beim Verwahrer folgt. Aufeinander bezogene einseitige Erklärungen nach Artikel 94 werden am ersten Tag des Monats wirksam, der auf einen Zeitabschnitt von sechs Monaten nach Eingang der letzten Erklärung beim Verwahrer folgt.

(4) Ein Staat, der eine Erklärung nach diesem Übereinkommen abgibt, kann sie jederzeit durch eine an den Verwahrer gerichtete schriftliche Notifikation zurücknehmen. Eine solche Rücknahme wird am ersten Tag des Monats wirksam, der auf einen Zeitabschnitt von sechs Monaten nach Eingang der Notifikation beim Verwahrer folgt.

(5) Die Rücknahme einer nach Artikel 94 abgegebenen Erklärung macht eine von einem anderen Staat nach Artikel 94 abgegebene, darauf bezogene Erklärung von dem Tag an unwirksam, an dem die Rücknahme wirksam wird.

Article 98

No reservations are permitted except those expressly authorized in this Convention.

Article 99

(1) This Convention enters into force, subject to the provisions of paragraph (6) of this article, on the first day of the month following the expiration of twelve months after the date of deposit of the tenth instrument of ratification, acceptance, approval or accession, including an instrument which contains a declaration made under article 92.

(2) When a State ratifies, accepts, approves or accedes to this Convention after the deposit of the tenth instrument of ratification, acceptance, approval or accession, this Convention, with the exception of the Part excluded, enters into force in respect of that State, subject to the provisions of paragraph (6) of this article, on the first day of the month following the expiration of twelve months after the date of the deposit of its instrument of ratification, acceptance, approval or accession.

(3) A State which ratifies, accepts, approves or accedes to this Convention and is a party to either or both the Convention relating to a Uniform Law on the Formation of Contracts for the International Sale of Goods done at The Hague on 1 July 1964 (1964 Hague Formation Convention) and the Convention relating to a Uniform Law on the International Sale of Goods done at The Hague on 1 July 1964 (1964 Hague Sales Convention) shall at the same time denounce, as the case may be, either or both the 1964 Hague Sales Convention and the 1964 Hague Formation Convention by notifying the Government of the Netherlands to that effect.

(4) A State party to the 1964 Hague Sales Convention which ratifies, accepts, approves or accedes to the present Convention and declares or has declared under article 92 that it will not be bound by Part II of this Convention shall at the time of ratification, acceptance, approval or accession denounce the 1964 Hague Sales Convention by notifying the Government of the Netherlands to that effect.

(5) A State party to the 1964 Hague Formation Convention which ratifies, accepts, approves or accedes to the present Convention and declares or has declared under article 92 that it will not be bound by Part III of this Convention shall at the time of ratification, acceptance, approval or accession denounce

Artikel 98 [Zulässigkeit von Vorbehalten]

Vorbehalte sind nur zulässig, soweit sie in diesem Übereinkommen ausdrücklich für zulässig erklärt werden.

Artikel 99 [Zeitpunkt des Inkrafttretens]

(1) Vorbehaltlich des Absatzes 6 tritt dieses Übereinkommen am ersten Tag des Monats in Kraft, der auf einen Zeitabschnitt von zwölf Monaten nach Hinterlegung der zehnten Ratifikations-, Annahme-, Genehmigungs- oder Beitrittsurkunde einschließlich einer Urkunde, die eine nach Artikel 92 abgegebene Erklärung enthält, folgt.

(2) Wenn ein Staat dieses Übereinkommen nach Hinterlegung der zehnten Ratifikations-, Annahme-, Genehmigungs- oder Beitrittsurkunde ratifiziert, annimmt, genehmigt oder ihm beitritt, tritt dieses Übereinkommen mit Ausnahme des ausgeschlossenen Teils für diesen Staat vorbehaltlich des Absatzes 6 am ersten Tag des Monats in Kraft, der auf einen Zeitabschnitt von zwölf Monaten nach Hinterlegung seiner Ratifikations-, Annahme-, Genehmigungs- oder Beitrittsurkunde folgt.

(3) Ein Staat, der dieses Übereinkommen ratifiziert, annimmt, genehmigt oder ihm beitritt und Vertragspartei des Haager Übereinkommens vom 1. Juli 1964 zur Einführung eines Einheitlichen Gesetzes über den Abschluß von internationalen Kaufverträgen über bewegliche Sachen (Haager Abschlußübereinkommen von 1964) oder des Haager Übereinkommens vom 1. Juli 1964 zur Einführung eines Einheitlichen Gesetzes über den internationalen Kauf beweglicher Sachen (Haager Kaufrechtsübereinkommen von 1964) ist, kündigt gleichzeitig das Haager Kaufrechtsübereinkommen von 1964 oder das Haager Abschlußübereinkommen von 1964 oder gegebenenfalls beide Übereinkommen, indem er der Regierung der Niederlande die Kündigung notifiziert.

(4) Eine Vertragspartei des Haager Kaufrechtsübereinkommens von 1964, die das vorliegende Übereinkommen ratifiziert, annimmt, genehmigt oder ihm beitritt und nach Artikel 92 erklärt oder erklärt hat, daß Teil II dieses Übereinkommens für sie nicht verbindlich ist, kündigt bei der Ratifikation, der Annahme, der Genehmigung oder dem Beitritt das Haager Kaufrechtsübereinkommen von 1964, indem sie der Regierung der Niederlande die Kündigung notifiziert.

(5) Eine Vertragspartei des Haager Abschlußübereinkommens von 1964, die das vorliegende Überein-

the 1964 Hague Formation Convention by notifying the Government of the Netherlands to that effect.

(6) For the purpose of this article, ratifications, acceptances, approvals and accessions in respect of this Convention by States parties to the 1964 Hague Formation Convention or to the 1964 Hague Sales Convention shall not be effective until such denunciations as may be required on the part of those States in respect of the latter two Conventions have themselves become effective. The depositary of this Convention shall consult with the Government of the Netherlands, as the depositary of the 1964 Conventions, so as to ensure necessary co-ordination in this respect.

kommen ratifiziert, annimmt, genehmigt oder ihm beitritt und nach Artikel 92 erklärt oder erklärt hat, daß Teil III dieses Übereinkommens für sie nicht verbindlich ist, kündigt bei der Ratifikation, der Annahme, der Genehmigung oder dem Beitritt das Haager Abschlußübereinkommen von 1964, indem sie der Regierung der Niederlande die Kündigung notifiziert.

(6) Für die Zwecke dieses Artikels werden Ratifikationen, Annahmen, Genehmigungen und Beitritte bezüglich dieses Übereinkommens, die von Vertragsparteien des Haager Abschlußübereinkommens von 1964 oder des Haager Kaufrechtsübereinkommens von 1964 vorgenommen werden, erst wirksam, nachdem die erforderlichen Kündigungen durch diese Staaten bezüglich der genannten Übereinkommen selbst wirksam geworden sind. Der Verwahrer dieses Übereinkommens setzt sich mit der Regierung der Niederlande als Verwahrer der Übereinkommen von 1964 in Verbindung, um die hierfür notwendige Koordinierung sicherzustellen.

Article 100

(1) This Convention applies to the formation of a contract only when the proposal for concluding the contract is made on or after the date when the Convention enters into force in respect of the Contracting States referred to in subparagraph (1) (a) or the Contracting State referred to in subparagraph (1) (b) of article 1.

(2) This Convention applies only to contracts concluded on or after the date when the Convention enters into force in respect of the Contracting States referred to in subparagraph (1)(a) or the Contracting State referred to in subparagraph (1)(b) of article 1.

Artikel 100 [Zeitlicher Geltungsbereich]

(1) Dieses Übereinkommen findet auf den Abschluß eines Vertrages nur Anwendung, wenn das Angebot zum Vertragsabschluß an oder nach dem Tag gemacht wird, an dem das Übereinkommen für die in Artikel 1 Absatz 1 Buchstabe a genannten Vertragsstaaten oder den in Artikel 1 Absatz 1 Buchstabe b genannten Vertragsstaat in Kraft tritt.

(2) Dieses Übereinkommen findet nur auf Verträge Anwendung, die an oder nach dem Tag geschlossen werden, an dem das Übereinkommen für die in Artikel 1 Absatz 1 Buchstabe a genannten Vertragsstaaten oder den in Artikel 1 Absatz 1 Buchstabe b genannten Vertragsstaat in Kraft tritt.

Article 101

(1) A Contracting State may denounce this Convention, or Part II or Part III of the Convention, by a formal notification in writing addressed to the depositary.

(2) The denunciation takes effect on the first day of the month following the expiration of twelve months after the notification is received by the depositary. Where a longer period for the denunciation to take effect is specified in the notification, the denunciation takes effect upon the expiration of such longer period after the notification is received by the depositary.

Artikel 101 [Kündigung des Übereinkommens]

(1) Ein Vertragsstaat kann dieses Übereinkommen oder dessen Teil II oder Teil III durch eine an den Verwahrer gerichtete schriftliche Notifikation kündigen.

(2) Eine Kündigung wird am ersten Tag des Monats wirksam, der auf einen Zeitabschnitt von zwölf Monaten nach Eingang der Notifikation beim Verwahrer folgt. Ist in der Notifikation eine längere Kündigungsfrist angegeben, so wird die Kündigung nach Ablauf dieser längeren Frist nach Eingang der Notifikation beim Verwahrer wirksam.

II. Internetlinks nach Stichworten

- Auslandshandelskammern weltweit: www.ahk.de
- Außenwirtschaftsgesetz AWG/Außenwirtschaftsverordnung AWV: www.gesetze-im-internet.de
- Bundesamt für Wirtschaft und Ausfuhrkontrolle (BAFA): www.bafa.de
- Bundesanstalt für Landwirtschaft und Ernährung: www.ble.de
- E-Trade-Center: www.e-trade-center.com
- IHK Ostwestfalen zu Bielefeld: www.bielefeld.ihk.de
- Internationale Handelskammer Paris: www.iccwbo.org www.icc-deutschland.de
- Länderinformationen: www.gtai.de
- Umsatzsteueridentifikationsnummer (UStId-Nr.): www.bzst.bund.de
- Zollauskünfte: www.zoll.de
- Einen guten Überblick über Materialien und Urteile zum UN-Kaufrecht bietet: www.cisg-online.ch

III. Literaturhinweise

- Bortolotti, Fabio
  Drafting and Negotiating International Commercial Contracts, 2008
- Büter, Clemens
  Außenhandel – Grundlagen globaler und innergemeinschaftlicher Handelsbeziehungen, 2007
- Däumler, Klaus-Dieter/Grabe, Jürgen: Betriebliche Finanzwirtschaft, 9. Aufl., 2008
- Dierig, Carsten
  Der Grüne Punkt hat ausgedient, in: „Die Welt" v. 29.12.2008
- Häberle, Siegfried Georg (Hg.):
  Handbuch für Kaufrecht, Rechtsdurchsetzung und Zahlungssicherung im Außenhandel, 2002
- Handorn, Boris
  UN-Kaufrecht – Einheitliche Regeln für den internationalen Warenvertrieb – Chancen nutzen, Risiken erkennen –, in: Bundesvereinigung der Deutschen Arbeitgeberverbände (Hg.): Schriftenreihe Leistung und Lohn – Zeitschrift für Arbeitswirtschaft, 2007

- Junker, Abbo/Kamanabrou, Sudabeh
  Vertragsgestaltung – Ein Studienbuch, 2. Aufl., 2007
- Lehr, Wolfgang
  Optimierung des Importgeschäfts, 2000
- Magnus, Ulrich
  25 Jahre UN-Kaufrecht, ZEuP 2006
- Meyer-Sparenberg, Wolfgang
  Kaufvertrag nach UN-Kaufrecht, in: Michael Hoffmann-Becking/Peter Rawert (Hg.): Beck'sches Formularbuch – Bürgerliches, Handels- und Wirtschaftsrecht, 9. Aufl., 2006
- Nerreter Wilhelm/Stöcher, Josef
  Import und Export – Mit Auslands-Kooperation einschließlich Osthandel, 6. Aufl., 1989
- Palandt, Otto (Hg.)
  Bürgerliches Gesetzbuch mit Einführungsgesetz, 67. Aufl., 2008
- Perridon, Louis/Steiner, Manfred
  Finanzwirtschaft der Unternehmung, 14. Aufl., 2007
- Piltz, Burghard
  Internationales Kaufrecht – Das UN-Kaufrecht in praxisorientierter Darstellung, 2. Aufl., 2008
- Schlechtriem, Peter
  Internationales UN-Kaufrecht – Ein Studien- und Erläuterungsbuch zum Übereinkommen der Vereinten Nationen über Verträge über den internationalen Warenkauf (CISG), 3. Aufl., 2005
- Stadler, Hans-Jörg
  Internationale Einkaufsverträge, 2. Aufl., Reihe Heidelberger Musterverträge, Heft 89, 2008
- Steinert, Maia
  Rechtlicher Leitfaden für den Außenhandel – Vertragsfehler vermeiden – optimales Durchsetzen von Ansprüchen, 2. Aufl., 1999